Julius Petzholdt

Dr. Johann Paul Freiherr v. Falkenstein:

sein Leben und Wirken nach seinen eigenen Aufzeichnungen

Julius Petzholdt

Dr. Johann Paul Freiherr v. Falkenstein:
sein Leben und Wirken nach seinen eigenen Aufzeichnungen

ISBN/EAN: 9783743313989

Hergestellt in Europa, USA, Kanada, Australien, Japan

Cover: Foto ©ninafisch / pixelio.de

Manufactured and distributed by brebook publishing software (www.brebook.com)

Julius Petzholdt

Dr. Johann Paul Freiherr v. Falkenstein:

Dr. Johann Paul Freiherr v. Falkenstein.

Sein Leben und Wirken

nach seinen eigenen Aufzeichnungen

herausgegeben

von

J. Petzholdt.

Mit Portrait und Gedächtnißreden.

Dresden,
R. v. Zahn (R. v. Zahn & Emil Jaensch).
1882.

Ihrer Excellenz

der Gemahlin des Verstorbenen

Frau Minister

Constanze Freifrau von Falkenstein

geb. Gruner

in dankbarer Anerkennung

Ihres gütigen Vertrauens

zu dem

Herausgeber J. Petzholdt

gewidmet.

Als sich am 14. Januar 1882 die Kunde verbreitete, daß in frühester Morgenstunde der Staatsminister a. D. und Minister des Königlichen Hauses Sachsen Dr. Johann Paul Freiherr v. Falkenstein, den man wenige Tage zuvor noch in verhältnißmäßig voller Rüstigkeit gesehen hatte, vom Höchsten aus diesem irdischen Leben abgerufen worden sei, Wen hätte da nicht in dem weiten Kreise aller Derer, von welchen der Verstorbene näher gekannt, geliebt und hochgeehrt war, das Gefühl wahrer und tiefer Trauer ergreifen sollen. Ja, die Trauer war gewiß eine ebenso allgemeine wie durchaus herz= liche, und doch mußte man sich zum Troste auch wieder sagen, daß es der Herr mit dem Verstorbenen sehr wohl gemeint habe, ihn, dem Er ein ungewöhnlich langes und dabei so schönes und zugleich thaten= und segensreiches Leben beschieden gehabt, nach nur ganz kurzem Krankenlager und ohne die das hohe Alter in der Regel begleitenden Leiden im vollsten Frieden zu sich abzurufen. Wahrlich, der Herr hat sein Werk, welches er uns in dem thatenreichen und langen Leben des Verstorbenen sichtbar vor Augen gestellt, durch ein schönes Ende desselben in herrlicher Weise gekrönt.

Es war sehr natürlich, daß nach dem Hinscheiden dieses von Gott offenbar so begnadigten Mannes der Wunsch sich kundgab, eine die Grenzen der bereits vorhandenen kürzeren Mittheilungen überschreitende und womöglich recht ausführliche

Darstellung von dessen thaten- und segensreichem wie langem Leben zu erhalten. Und ein solcher Wunsch war auch gewiß durchaus gerechtfertigt. Aber der Erfüllung dieses Wunsches stehen augenblicklich zwei Hindernisse im Wege, und zwar einmal der Umstand, daß die Beschaffung der Unterlagen zu einer umfänglichen, aber zugleich auch wahrheitsgetreuen Darstellung geraume Zeit in Anspruch nimmt, und das andere Mal, daß es, falls die baldige Beschaffung auch möglich wäre, sicher nicht im Sinne des Verstorbenen gehandelt sein würde, wenn man so kurz nach seinem Tode und bald eine ausführliche Darstellung seines Lebens geben wollte. Das, was der Verstorbene auf den ihm kundgegebenen Wunsch, daß er eine Biographie des hochseligen Königs Johann von Sachsen schreiben möge, ablehnend geantwortet hatte — „eine eigentliche Biographie," sagte er, „müßte das ganze äußerliche und innerliche Leben des Mannes mit allen seinen Umgebungen umfassen, also auch, bei einem so reichen Leben wie dem des Königs, eine Menge von Momenten beachten und eingehend darstellen, welche in direkter oder indirekter Verbindung stehen mit politischen Ansichten oder Ereignissen, die noch in der Entwicklung begriffen sind oder wenigstens noch nicht sicher beurtheilt werden können. Kurz die Biographie eines solchen Mannes ist von der Zeitgeschichte nicht zu trennen; über diese aber läßt sich für jetzt noch nicht so objektiv berichten und urtheilen, wie es erforderlich ist, wenn man ohne Rücksicht auf Das, was gefällt oder nicht gefällt, streng der Wahrheit treu bleiben und nicht Geschichte machen, sondern schreiben will" — läßt sich in vieler Beziehung auch jenem nach einer Biographie v. Falkenstein's selbst geäußerten Wunsche mit vollem Rechte entgegenstellen.

Nichts desto weniger und, ich darf wohl sagen, glücklicher Weise kann der Wunsch Derer, welche sich mit den bereits vorhandenen kürzeren Mittheilungen über das Leben v. Falkenstein's nicht begnügen wollen, sondern etwas mehr davon zu wissen verlangen, gewissermaßen insoweit erfüllt werden, als von der Hand v. Falkenstein's selbst eigene Aufzeichnungen vorhanden sind, durch deren Veröffentlichung Jedermann, der an dem Verstorbenen Interesse nimmt, sich befriedigt fühlen wird: sie sind weder zu kurz, noch überschreiten sie anderntheils trotz einer gewissen Ausführlichkeit die Grenze dessen, was im Sinne des Verstorbenen als maßgebend für eine solche bald nach dem Tode der Oeffentlichkeit übergebene Lebensschilderung bezeichnet werden muß. Diese Aufzeichnungen hat v. Falkenstein zum Zwecke eines Festgeschenkes zum fünfzigjährigen Ehejubiläum am 21. Juni 1879 für seine Gattin niedergeschrieben, und es ist mir durch das gütige Vertrauen der letzteren die Ehre und das besondere Vergnügen zu Theil geworden, dieselben durch den Druck dem weiteren Kreise der Freunde und Verehrer des Verstorbenen zur Kenntniß und zugleich als eine Art Vermächtniß übergeben zu dürfen.

Möge man das Vermächtniß stets in hohen Ehren halten und das Bild des Mannes, dessen Gabe es ist, treu im Herzen bewahren!

J. Petzholdt.

Johann Paul Freiherr v. Falkenstein ist am 15. Juni 1801 in Pegau geboren. Er stammt aus einem alten edlen Geschlechte, dessen Ahnen sich bis in das dreizehnte Jahrhundert zurück verfolgen lassen. Sein Vater war der Premierlieutenant und Adjutant im Kursächsischen Carabinier-Regiment Heinrich Gottlob Peter v. Falkenstein, der aus der Ehe mit der Tochter des Amtmanns Tischer in Lützen, neben dem Sohne als jüngsten Kinde, noch vier Töchter (wovon die eine schon in frühester Jugend gestorben ist) besaß. Die Ehe mag keine gerade ganz glückliche gewesen sein; denn nicht lange nach der Geburt des Sohnes, und nachdem der Vater durch einen unglücklichen Sturz vom Pferde das Regiment zu verlassen und in Pension zu treten genöthigt gewesen war, kam es zur Trennung und völligen Scheidung der Ehegatten: der Vater wendete sich nach Schleusingen, wo er als Marschkommissar zunächst eine Anstellung fand, während die Mutter sammt den Kindern ihren Wohnsitz in Weißenfels bei ihrer Mutter nahm. In Folge dieser Trennung hat es das Schicksal seltsamer Weise gefügt, daß der Sohn erst als siebzehnjähriger Jüngling mit seinem Vater bekannt geworden ist.

Wenn ich später, schreibt v. Falkenstein, mit meinen Kindern und Enkeln, regelmäßig an unseren Geburtstagen, im Gesangbuche das Lied Nr. 769 las und an den Vers kam „Du zogst des Vaters Herz zu mir durch milde, sanfte Triebe; der Mutter Brust empfing von dir den Eifer ihrer Liebe; und beiden ward, mir unbewußt, die Mühe der Erziehung Lust, mir ihre Sorge Segen" — wurde es mir wohl zuweilen recht wehmüthig, obschon

ich Unrecht reden würde, wenn ich sagen wollte, daß der Vater sowohl als die Mutter mich nicht mit Liebe um=
faßt hätten.

Der Vater, den ich, wie gesagt, erst später kennen lernte, war voller Zärtlichkeit gegen mich und freute sich, mich mit seinem, aus zweiter Ehe mit der verw. Frau v. Flemming, geb. v. Rackel, stammenden Sohn Heinrich bekannt machen zu können. Sehr schöne Tage verlebte ich damals in Schleusingen bei meinem Vater, der noch kräftig und geistvoll in der Unterhal=
tung war, ebenso wie seine Frau voll Verstand und Gemüth, die mich gleich ihrem Bruder, dem damaligen Oberhofrichter v. Rackel zu lieben schien. Mit wahrer Betrübniß gedenke ich noch des prächtigen und auch äußerlich schönen Heinrich, der später unter das Militair ging und längere Zeit sein Stand=
quartier in Bonn gehabt hat, aber wie ich glaube, ziemlich jung schon gestorben ist. Wenigstens habe ich für meine Person ihn nie wieder gesehen und auch über sein Schicksal nichts erfahren können.

Meine Mutter lebte in großer Zurückgezogenheit, fast Armuth, und konnte daher, trotz der größten Liebe zu mir, gleichwohl nicht viel für mich thun, zehrte sie ja doch selbst ohnehin schon mit von den Mitteln ihrer Mutter und hatte Noth genug, meine Schwestern zu erziehen. Ueberhaupt scheint der mißliche Stand der Vermögensverhältnisse der Aeltern auf deren Trennung hauptsächlich mit von Einfluß gewesen zu sein; wenigstens hat die Mutter an ihrem vormaligen Gatten, meinen Vater, bis in ihr spätestes Alter noch mit großer Innigkeit gehangen.

Als einziger Knabe in der Familie und zudem unter trüben Verhältnissen geboren, ward ich Gegenstand der besonderen Sorge der entfernteren Verwandten meiner Mutter. Zu diesen gehörte auch der damalige Kreisamtmann und spätere Regierungsrath in Preußischen Diensten, Cölestin August

Just*) zu Tennstädt in Thüringen. Derselbe war kinderlos, hegte aber gleich seiner Gattin, einer Frau von seltener Bildung und Gemüthsinnigkeit — sie war die Tochter des Hofpredigers Strauß in Dresden, eines sehr beliebten und vortrefflichen Geistlichen — gerade für Kinder eine ungemeine Liebe, was denn auch die beiden Ehegatten schon oft auf den Gedanken gebracht hatte, sich eines Kindes anzunehmen und dadurch ihrem Alter zugleich eine Freude zu sichern. Unter solchen Umständen war es dem Just'schen Ehepaare natürlich sehr nahe gelegt, mich an Kindesstatt in ihr Haus aufzunehmen, wodurch gleichzeitig nicht nur mir eine Wohlthat erwiesen, sondern und namentlich auch die Sorgen meiner Mutter erleichtert wurden. So kamen denn eines schönen Tags diese vortrefflichen Menschen in Weißenfels an und nahmen mich, im Alter von noch nicht vollen vier Jahren, mit sich nach Tennstädt — einem an sich zwar unbedeutenden und kleinen Städtchen, welches jedoch, weil es landtagsfähig und Sitz des Kreisamtes war, in einem gewissen Ansehen stand, hauptsächlich aber in Rücksicht auf die Persönlichkeit des ausgezeichneten Leiters des Kreisamtes, Just, in ganz Thüringen, ja man kann wohl behaupten, in den gesammten damaligen Sächsischen Landen großen Ruf genoß und in hoher Achtung stand.

Von dem Tage an, wo ich in Tennstädt eintraf und meine gütigen Pflegeältern kennen und lieben lernte, wozu man ja in einem so jugendlichen Alter, wie dem meinigen, nicht viel Zeit braucht, beginnt erst mein eigentliches Leben. Aus früherer Zeit ist mir nichts mehr im Gedächtnisse, während mir dagegen

---

*) Das Andenken des Just'schen Ehepaares ist von v. Falkenstein stets in hohen Ehren gehalten worden; er hat ihrer jederzeit mit ebenso dankbarer, wie inniger Liebe gedacht, und kurz vor seinem Tode noch mit Freude Gelegenheit genommen, seinem vortrefflichen Pflegevater Just († 1822) in der „Allgemeinen Deutschen Biographie" Bd. XIV. (Leipzig, Duncker & Humblot. 1881. gr. 8°.) S. 743—46 ein litterarisches Denkmal zu stiften.

alle nur irgendwie bedeutenderen Ereignisse der damaligen Zeit im Just'schen Hause sowohl als in dem kleinen Orte überhaupt noch ziemlich lebhaft vor Augen stehen. So erinnere ich mich ganz gut, daß ich, ungezogen und leidenschaftlich, wie ich damals war, gleich in der ersten Zeit meiner Uebersiedelung nach Tennstädt wegen eines mir ertheilten Verweises „die gute Tante Just" — so hieß meine Pflegemutter in der ganzen Gegend — tüchtig in die Hand biß; ich hatte, weil ich ohne Nachtlicht nicht schlafen mochte und eines Nachts ein solches fehlte, durch unausgesetztes und lautes Rufen „Keine Lampe da" das ganze Haus in Aufruhr gebracht. Es ist eine mir aus der Jugend gebliebene Eigenheit, daß ich nicht gern ohne Licht im Bette liege; ja ich könnte mit Goethe rufen: „Mehr Licht", denn je heller es im Schlafzimmer ist, desto besser pflege ich noch jetzt im Alter einzuschlafen. So entsinne ich mich ferner noch ganz deutlich, daß der alte Kreishauptmann v. Zedtwitz auf Auerstädt, ein großer, starker und schöner Mann mit einer prachtvollen Adlernase, der erste Mensch war, der mich außer den Pflegeältern auf seinen Schooß nehmen durfte und von mir auf seine Fragen eine Antwort erhielt; alle andere Personen behandelte ich, wie man zu sagen pflegt, schlecht, d. h. ich antwortete nicht oder weinte und suchte ihnen zu entwischen. Weiter erinnere ich mich noch aus dem Jahre 1806 zweier nachmals berühmt gewordener Männer, der beiden Rittmeister in schmucker Husarenuniform v. Gablenz auf Klettstädt und Thielemann, die mich eines Tages mit sich im Schlitten nach Gebesee nahmen und sich mit mir höchlichst amüsirten. Noch so manches Mal hat der alte General v. Gablenz später, als er Gouverneur in Dresden war und ich als Hof- und Justizrath in seinem Hause ein- und ausging, jener Schlittenfahrt gedacht, über welche sich die beiden Herren sehr gefreut hatten, weil ich den Muth gehabt, „nicht zu erfrieren"; denn ich war ohne Erlaubniß meiner Pflegemutter und ohne irgend eine vorſorglich ſchützende Hülle mitgefahren. Auch iſt mir noch ganz lebhaft im Gedächtniß die nach der Schlacht bei Jena erfolgte große Retirade, welche Tennſtädt, obwohl vom Hauptſchauplatz ziemlich fern gelegen, doch theilweiſe mit berührte, ſowie der Landescomthur v. Berlepſch mit der großen Allongenperrücke ꝛc., kurz alles das, was in der damaligen Zeit von Ereigniſſen und Perſonen in der Umgegend ſowohl als im Juſt'ſchen Hauſe meine Aufmerkſamkeit auf ſich lenken konnte. Die Amtswohnung meines Pflegevaters, die jetzt freilich gar nicht mehr zu erkennen iſt, könnte ich noch malen. Wenn ich von den damaligen Zuſtänden und Perſonen meinen Kindern und Enkeln erzähle, komme ich mir wohl manchmal wie in eine ganz andere Welt verſetzt vor. Welch' ein Unterſchied zwiſchen jetzt und damals, zumal im Hinblick auf das Leben und die Gewohnheiten in dem kleinen Tennſtädt.

Etwas weniger lebhaft ſind meine Erinnerungen aus der Zeit von meinem ſechſten Jahre an bis zum Jahre 1814, wo ich auf die Kloſterſchule nach Roßleben kam. Ob ich Unterricht in der Deutſchen Sprache und der Orthographie erhalten habe, entſinne ich mich nicht mehr, obwohl ich mich rühmen darf, nie eigentlich unorthographiſch geſchrieben zu haben; nur gegen das Interpunktiren iſt mir ſtets eine entſchiedene Abneigung eigen geweſen. Leſen und Schreiben hatte ich, ſo viel weiß ich aber noch, von meiner Pflegemutter ſehr ſchnell erlernt: ich ſchrieb damals natürlich beſſer als jetzt.*) Iſt mir, wie geſagt,

---

*) Mit Rückſicht auf ſeine ſpätere ſchlechte Handſchrift ſchreibt v. Falkenſtein von dem König Johann von Sachſen, der bekanntlich auch nicht gerade zu den beſten Schreibkünſtlern gehört hat, in deſſen „Charakterbild" (1878. S. 73. Volksausgabe 1879. S. 61): „Es kam wohl auch vor, daß er ſelbſt ein Wort nicht mehr entziffern konnte, dann meinte er, es ſei nur Schade, daß das alte Wort „docti male pingunt" nicht auf ihn Anwendung leide, und tröſtete ſich damit, daß ſeine Miniſter Beuſt, Falkenſtein und Frieſen wenigſtens nicht viel leſerlicher als er ſchrieben."

aus der damaligen Zeit nicht alles und jedes mehr so ganz klar im Gedächtnisse, so stehen mir dagegen die vielen angesehenen Leute, welche meinen Pflegevater besuchten und mich besonders interessirten, noch lebhaft vor Augen. Vor allen der alte Salinen-Direktor Freiherr v. Hardenberg, dessen Sohn Friedrich, der bekannte Novalis, bei dem Just'schen Ehepaare wie ein Sohn vom Hause galt; dann noch der Geheimrath v. Witzleben, der Vater des jetzt auch schon verstorbenen Oberpräsidenten v. Witzleben, sowie ferner der bekannte Kanzler v. Müller aus Weimar und der alte Zacharias Becker aus Gotha. Die Herren Schwidt auf Klein- und Reinhard auf Groß-Ballhausen erregten mein Interesse aus dem Grunde namentlich, weil sie sich vorzugsweise gern mit mir beschäftigten. Ganz insbesondere anziehend war mir auch der andere Sohn des vorgenannten Salinen-Direktors Freiherr v. Hardenberg und Bruder von Novalis Anton, der, obschon in einer streng protestantischen Familie erzogen, gleichwohl zur katholischen Kirche übergetreten war. Die zwischen ihm und meinem Pflegevater über religiöse Fragen gepflogenen Unterhaltungen, die, wenn ich sie auch damals nicht verstand, mich doch die Wichtigkeit der Sache, um die es sich handelte, ahnen ließen, beschäftigten mich in hohem Grade; in meiner jugendlichen Voreiligkeit glaubte ich, entschieden gegen den Katholicismus Partei nehmen zu müssen, in Folge dessen ich übermüthig genug war und mich verleiten ließ, dem Abbé, welcher den jungen Hardenberg begleitete, so manchen Possen zu spielen — was freilich etwas gewagt war, weil zwischen meinem Pflegevater und Hardenberg, trotz des letzteren Religionswechsels, ein sehr freundschaftliches und geistig inniges Verhältniß fortbestand, und aus diesem Grunde schon mein Pflegevater eine dem Begleiter Hardenberg's widerfahrene Unbill, wenn sie zu seiner Kenntniß gekommen wäre, sehr übel vermerkt haben würde.

Außer dem Lese- und Schreibunterricht erhielt ich von meiner Pflegemutter auch Unterricht in der Religion — der sich freilich in der Hauptsache auf Auswendiglernen von Gesangbuchliedern und des Katechismus und auf Unterredungen über Moral beschränkte, — sowie von Seiten meines Pflegevaters, soweit es seine Zeit gestattete, Anleitung im Lateinischen. Just hatte unter Morus und Ernesti studirt und erinnerte sich noch öfters mit Freude, daß ihn letzterer, bekanntlich seiner Zeit der vortrefflichste Lateiner und schärfste Kritiker, eines Tages wegen einer eingereichten lateinischen Abhandlung belobt hatte; noch im hohen Alter war er ein ganz tüchtiger Lateiner. Dennoch glaube ich nicht, damals unter seiner Anleitung große Fortschritte im Lateinischen gemacht zu haben. Dies geschah erst, als ich einem Hauslehrer, irre ich nicht, in meinem zehnten Lebensjahre überwiesen wurde. Dieser aus Marienberg gebürtige Hauslehrer, der als Pfarrer in Limbach bei Querfurt gestorben ist, hieß Hennig: er war zwar ein ganz braver Mann, ein treuherziger Erzgebirger, jedoch etwas beschränkt mit sehr wenig empfehlenden äußeren Formen, zudem ein furchtbar leidenschaftlicher Raucher und Schnupfer. Auch war er ziemlich materiell und sinnlich, und würde deßhalb für mich vielleicht nicht ungefährlich geworden sein, wenn ich nicht glücklicher Weise rechtzeitig noch aus seinen Händen und nach Roßleben auf die Schule gekommen wäre. Lateinisch und Geschichte lehrte er gut, wogegen sein Religionsunterricht nicht viel taugte; denn Hennig hing in religiöser Beziehung ganz an dem in Leipzig von der Mehrzahl der Professoren und Geistlichen vorzugsweise gepflegten vulgären Rationalismus, welcher in der Religion die Moral als Hauptsache ansieht und nicht bedenkt, daß Moral ohne die feste religiöse Grundlage niemals ausreicht. Mir für meine Person war Hennig sehr zugethan, und ich habe ihn auch, wenn ich von Roßleben nach der damals berühmten Eselswiese nach Querfurt wanderte und unterwegs entweder in Lobersleben oder gewöhnlicher noch in Limbach nach einer Stärkung Bedürfniß fühlte, in der Regel und gern mit besucht; freilich fand ich da in ihm nur den alten richtigen Dorfpastor, versauert und faul, wie es im Buche steht, ohne allen Schwung und ohne alle Poesie. Er lebte ohne jeden Verkehr mit der Nachbarschaft, trotzdem daß ihm dazu in dem nahe gelegenen Rittergute Gatterstädt, welches damals — wie interessant wäre es für mich gewesen, wenn ich prophetische Gabe besessen hätte! — dem Vater meines späteren Schwiegersohnes Krug v. Nidda mitgehörte, ebenso wie in dem der v. Danckelmann'schen Familie zugehörigen Lobersleben und insbesondere in Querfurt, wo der ihm aus dem Aufenthalte im Just'schen Hause her bekannte und mit Just befreundete geistvolle Amtsinspektor Lauter wohnte, leichte und ausreichende Gelegenheit geboten gewesen wäre.

Im Jahre 1814 kam ich in die Klosterschule nach Roßleben, wo ich wegen meines braunen Rockes mit vergoldeten Knöpfen, zumal ich mich anfangs etwas ängstlich und verlegen benahm, sehr bald den Spitznamen „Maikäfer" oder, wie man damals in Thüringen noch bezeichnender sagte, „Grützkäfer" erhielt. — Also Roßleben, o du schöne Zeit! Wohl Dem, sage ich noch heute, der die Schule, welcher er seine Bildung verdankt, so liebt und an seinen Lehrern so hängt, wie es stets bei allen Zöglingen von Roßleben der Fall gewesen ist. Ein solcher Geist treuester Liebe und Anhänglichkeit lebt allerdings meist nur auf den sogenannten Fürstenschulen, denen die Roßlebener Klosterschule in jeder Hinsicht nachgebildet war. Wie unzufrieden man auch während der Schulzeit mit dem und jenem Lehrer gewesen sein, an der einen und der anderen Einrichtung Aergerniß genommen haben mag, so denkt man doch, sobald man die Schule verlassen hat, nur mit vollster Liebe und wärmstem Danke an diese zurück: alle, gleichviel ob blos scheinbare oder wirkliche Mißstände, die man auf der Schule mit Verdruß gefühlt und über die man sich damals bitter beklagt hat, sind vergessen, und nur das dankbare Gefühl für die alma mater ist geblieben. O, daß diese Dankbarkeit auf den Schulen sich doch immer forterhalten möchte! Mit meinen angenehmen und herrlichen Erinnerungen an die Roßlebener Schulzeit vermischt sich freilich auch ein gewisses Gefühl der Wehmuth, wenn ich daran denke, daß, von den Lehrern natürlich gar nicht zu reden, von allen, mit denen ich damals in jugendlicher Fröhlichkeit zusammengelebt habe, die größte Mehrzahl bereits gestorben ist. Von meinen eigentlichen Coaetanen kenne ich fast nur den Geheimrath Marschner in Dresden noch am Leben.

Die liebenswürdige Persönlichkeit des Erbadministrators der Schule, v. Witzleben, eines vertrauten Freundes meines Pflegevaters, welchen letzteren die Regierung als weltlichen Coinspektor der Schule bestellt hatte, war mir bei meinem Eintritt in die Anstalt sehr ermuthigend. Vor allen aber waren, außer dem edlen Rektor Professor Wilhelm sammt seiner trefflichen Gattin, einer Tochter des Hallischen Inspektors und nachmaligen Eisenacher Generalsuperintendenten Nebe, der durch und durch würdige Mathematikus Zachariae, sowie der etwas leichtfertige zwar, aber jugendlich frische Tertius Contius — der im hohen Alter von über achtzig Jahren in Brehna bei Wittenberg gestorben ist — und endlich der gelehrte, geistvolle und feingebildete Adjunkt Kessel diejenigen Männer, die mir die Schule besonders lieb und werth machten: dafür hing ich aber auch an ihnen mit Leib und Seele in vollster Liebe. Contius, bei dem ich längere Zeit das als besondere Auszeichnung geachtete Amt eines Famulus bekleidete, war es auch, der mir und einer kleinen Anzahl ihm näher stehender Schüler manche Abendstunde widmete und uns über mathematische und naturwissenschaftliche Gegenstände in ebenso anmuthender wie belehrender Weise unterhielt. Bei solchen Gelegenheiten brachte er wohl gern seine Lieblingsidee „der Mensch muß fliegen lernen" mit zur Sprache.

Von sogenannten dummen Streichen, von denen wohl kein Schüler ganz frei bleibt, habe ich mich während meiner Schulzeit auch einiger, wennschon nicht gerade vieler schuldig gemacht; sie sind jedoch für mich ohne mißliche Folgen geblieben, weil die Weisheit des Rektors dieselben als bloße Ausflüsse unschuldig jugendlichen Uebermuthes richtig und mild zu beurtheilen verstand. Darunter gehörte z. B. das sogenannte „Aussteigen", um im Dorfe bei „Erle=Fritz" Chocolade zu trinken und Rauchversuche zu machen, die freilich zuweilen sehr traurig abliefen. Ebenso gehörten dahin die Neckereien der durch Korpulenz und ordinäres Wesen etwas auffälligen Töchter des Oekonomie=Pachters, denen ich Spitznamen beigelegt hatte, von welchen auch meine Mitschüler beifällig Gebrauch machten. Nur Eines Falles entsinne ich mich, der für mich einen sehr üblen Ausgang hätte nehmen können. Ich war nämlich unter meinen Mitschülern als tüchtiger Lateiner, ebenso wie ein gewisser Herrmann aus Bibra (später Superintendent zu Altenplatnow bei Gastein) als tüchtiger Grieche bekannt. In Folge dessen wurden wir häufig von Schwächeren bei der Ausarbeitung ihrer Examen=Aufgaben um Beihilfe gebeten; wir waren auch stets gern bereit dazu, weniger allerdings aus eigentlich freundschaftlicher Gesinnung, als vielmehr aus einer gewissen Eitelkeit, weil uns das Ansehen, in dem wir wegen unserer Tüchtigkeit im Lateinischen und Griechischen bei unseren Mitschülern standen, nicht wenig schmeichelte, mehr indessen aber noch um gewisser materieller Vortheile willen. Denn es war nämlich festgestellt, daß für unsere Beihilfe von den Hilfsbedürftigen außer anderen Punsch zum Besten gegeben werden mußte. Das Punschbrauen selbst bildete dabei immer das Hauptvergnügen. Natürlich konnte dasselbe, da es heimlich geschehen mußte, erst nach der vom Rektor Abends gegen $1/2$ 10 Uhr vorgenommenen Visitation vor sich gehen. Eines Tages nun stand uns ein solches Vergnügen bevor. Nachdem wir Abends tüchtig gearbeitet hatten, legten wir uns erst vorschriftsmäßig zu Bett und erwarteten die Ankunft des Rektors; kaum aber war die Visitation vorüber und das sogenannte Tabulat geschlossen — das beste Zeichen, daß nunmehr alles sicher und nichts vom Rektor zu befürchten sei — so begann bei uns reges Leben. Wir kleideten uns wieder an, und legten schleunigst Hand an, Feuer zu machen — es mußte dies an dem nahe gelegenen geheimen Orte auf ungedieltem Boden geschehen — und das Wasser zum Punsche zu kochen. Unglücklicher Weise war diesmal das Feuer zu groß gerathen und in Folge dessen von dem Schulaufwärter bemerkt, und der Vorfall sofort dem Rektor pflichtschuldig angezeigt worden. Und es dauerte denn auch nicht lange, so hörten wir das Nahen des Rektors. Im Nu war das Feuer ausgegossen, der nahezu schon fertige Punsch zum Fenster hinausgeschüttet, die Flucht in unser Zimmer gesucht und in voller Kleidung im Bette Platz genommen; dies half aber der Umsicht des Rektors gegenüber freilich nichts, der Rektor spürte den Rauch, roch den Punsch und sah, daß wir angekleidet im Bette lagen. Es war damals nahe daran, daß wir von der Schule fortgeschickt werden sollten. Wir kamen indessen noch mit blauem Auge davon: ich für meine Person wurde, soviel ich mich erinnere, zu drei sogenannten Carenzen und Dazugehörigem begnadigt, und die Sache kam in Vergessenheit, zumal meine Examenarbeiten zur vollsten Zufriedenheit ausgefallen waren, so daß mir eine sehr gute Censur zuertheilt werden konnte. Während der beiden letzten Jahre meiner Schulzeit bekleidete ich das Amt eines primus omnium.

Zu Michaelis 1819 hielt ich mit der ersten Censur cum elogio meinen feierlichen Abgang von Roßleben, gefolgt, wie ich wohl sagen darf, von der Liebe der Mehrzahl der Lehrer, sowie von Seiten meiner Mitschüler mit dem Rufe „eines gelehrten Menschen", der es dereinst mindestens zum „Professor oder Minister" bringen müsse. So hoch hinauf reichten allerdings meine eigenen Erwartungen von der Zukunft damals nicht. Damals hielt ich es für das größte Glück, einmal Bürgermeister zu Tennstädt zu werden; denn ich bildete mir ein, mir an Stelle des damals gerade im Amte befindlichen Bürgermeisters von überaus beschränktem Verstande große Verdienste um das Städtchen erwerben zu können. Nur glaubte ich zur Erlangung dieser Stelle aus dem Grunde wenig Aussicht zu haben, weil ich den Bewohnern des Städtchens zu wenig bekannt war: wußten dieselben ja nicht einmal meinen eigentlichen Geschlechtsnamen und in welchem Verhältnisse ich überhaupt zum Just'schen Hause stand. Alle Welt war gewohnt, mich nach meinem Vornamen Paul „Herr Pauli" zu nennen. — Nach meinem Abgange von Roßleben habe ich den Ort nur zweimal gern und freudig, späterhin auch noch ein drittes Mal, aber mit weniger freudigem Gefühle wiedergesehen; zwar habe ich das Andenken an diese meine Bildungsstätte stets treu und liebend im Herzen behalten, und auch gefunden, daß man sich dort später noch meiner gern und freundlich erinnert hat, allein die inzwischen wesentlich veränderten Verhältnisse und zumal der dort in letzter Zeit eingebürgerte andere und gegen früher weniger gemüthliche Ton ließen mir Roßleben zuletzt etwas fremd erscheinen. Das erste Mal besuchte ich Roßleben in Gesellschaft meiner Frau, welcher ich die Stätten meiner glücklichen Jugendzeit — Tennstädt und Roßleben — zu zeigen wünschte, und das zweite Mal bei Gelegenheit des fünfzigjährigen Amtsjubiläums meines alten und würdigen Rektors Wilhelm im Mai 1836. Die Veranlassung zum dritten Besuche gab die dreihundertjährige Jubelfeier der Klosterschule im Juli 1854, der ich mit beiwohnte und wo ich die besondere Freude hatte, im Namen und Auftrage meines verehrten Königs und Herrn Friedrich August dem hochverdienten Erbadministrator der Schule, Oberpräsident von Witzleben,

das Comthurkreuz I. Cl. des Albrechtsordens überreichen zu
dürfen.*)

―――――

*) S. „Wie die von Witzleben'sche Klosterschule zu Roßleben das
dreihundertjährige Jubelfest feierte. Im Auftrage der am 5. und 6. Juli
zu Kloster Roßleben versammelt gewesenen Commilitonen zum Besten des
Kirchenbaufonds herausgegeben von George Hesekiel. Halle, Buchhandlung
des Waisenhauses. 1854. 8°. S. 30—31." Die bei dieser Gelegenheit von
v. Falkenstein gehaltene Ansprache lautet: „Mit freudig bewegtem Herzen
sind auch wir als dankbare Schüler aus dem Sachsenlande herbeigeeilt zu
dieser schönen, seltenen Feier; wir haben im Geiste an uns vorüberziehen
lassen die Jahre einer schönen Vergangenheit; nicht um zu trauern, daß die
Jugend uns entschwunden, sondern um auf's neue zu danken für all den
reichen Segen, den diese Anstalt über uns gebracht hat. Wenn auch in der
schlimmen Zeit der Trennung dieser Provinz von dem Königreich Sachsen
manch' treues Sachsenherz in tiefer Wehmuth ergriffen war, so hat doch
diese Wehmuth der innigen Liebe zu dieser Schule, der herzlichen und auf=
richtigen Freude über das Gedeihen derselben keinen Eintrag thun können.
Mich aber, dem es unter anderen mit obliegt, zu schirmen und zu erhöhen
die ehrwürdige Anstalt, welche vor dreihundert Jahren unserem Roßleben
zum Vorbilde diente, mich macht es besonders glücklich heute an diesem
Jubelfeste die glückliche, ebenbürtige Tochter einer glücklichen Mutter be=
grüßen zu können. Und fürwahr! ich bringe nicht blos meinen Gruß und
meinen Glückwunsch; ich bringe ihn im Namen meines allergnädigsten
Königs und Herrn, eines Königs, dessen hoher Sinn für das Edle und
Große, für Wissenschaft und ein bescheiden frommes Leben auch außerhalb
der Grenzen seines reich von Gott gesegneten Landes erkannt wird; ich
bringe ihn zur Erinnerung an die alte Zeit, wo einer aus dem alten Säch=
sischen Geschlechte, Derer von Witzleben, den großen Gedanken faßte, diese
Anstalt zu gründen, und ein Sächsischer gelehrter, frommer Mann ihn aus=
führen half, „ut modesti et docti adolescentes educarentur"; ich bringe
ihn zur Erinnerung an den edlen Vater unsers dermaligen Herrn Erb=
administrators, der einst auch ein treuer Diener des Sächsischen Hauses
war; ich bringe ihn endlich als ein Zeichen innigster Theilnahme an dem
Gedeihen der Anstalt auch unter dem jetzigen Herrn Erbadministrator.
Mein König und Herr aber, den frommen Sinn, in welchem diese Anstalt
bis auf den heutigen Tag geleitet worden ist, wohl erkennend, hat mich
beauftragt, den Orden, das Kommandeurkreuz erster Klasse, der gestiftet ist

Wie oben schon erwähnt, galt ich in Roßleben für einen tüchtigen Lateiner: am liebsten beschäftigte ich mich mit Livius und Horaz, von dem ich die Mehrzahl der Oden auswendig konnte. Im Griechischen, das ich auch mit Fleiß und Erfolg betrieb, waren Homer und Herodot meine Lieblingsschriftsteller. Am schwächsten war ich, obwohl längere Zeit Famulus des Mathematikus Zachariae, doch in Ansehung meiner mathematischen Kenntnisse, in denen ich auch späterhin keine irgend erheblichen Fortschritte gemacht habe, während die philologischen Studien von mir bis in die neueste Zeit, neben meinen amtlichen Geschäften, mit Lust und Liebe fortgetrieben und gepflegt worden sind. Eine Art Stillstand in der Pflege der Schulstudien trat in der Zeit ein, wo die Kunde von der Entscheidung der Theilung Sachsens in das von der Welt abgeschieden gelegene Roßleben drang. Diese Zeit wird sicher allen, die damals mit mir auf der Schule gewesen sind, unvergeßlich geblieben sein: eine fast unheimliche, jugendlich zügellose Leidenschaftlichkeit bemächtigte sich unser, die vertrautesten Freundschaften und selbst verwandtschaftliche Bande erlitten Erschütterungen, je nachdem sich der Eine oder der Andere für Sachsen oder für Preußen erklärte, und im Winter kam es sogar zu förmlichen Kämpfen mit Eisbällen, die oft ernste Verwundungen herbeiführten. Die feindselige Gesinnung unter den Sachsen- und Preußen-Freunden ging soweit, daß, wo Schüler verschiedener politischer Färbung Ein Zimmer bewohnten, jeder die Nacht über sein Messer oder eine Pistole sich zur Seite zu legen für rathsam fand. v. Könneritz und ich als Sächsischgesinnte haben

---

zum Andenken an den Stammvater der Albertinischen Linie des Hauses Sachsen, Albrecht den Beherzten, Ihnen, geehrter Herr Erbadministrator, zu überreichen, auf daß in solcher Weise das Andenken an die alte Zeit bewahrt, und Ihnen dem Repräsentanten des Geistes, in welchem die Anstalt geleitet worden bis auf den heutigen Tag, ein Zeichen dankender Anerkennung bei diesem Jubelfeste gegeben werde."

mit unserem vorher vertrautesten Freunde Graf v. Seckendorf als Anhänger von Preußen länger als ein volles Jahr kein Wort gesprochen. — Doch genug von jener wahrhaft schrecklichen Zeit, die bekanntlich auch in anderen und weiteren Kreisen zu ähnlichen Verwirrungen und zur Lockerung der festesten Bande Veranlassung gegeben hat.

Ehe ich mich von Roßleben zur Universität nach Leipzig wendete, kehrte ich nach Tennstädt in das Just'sche Haus zurück, wo mich die herzlichste und treueste Liebe erwartete. In der That, die Liebe, mit der mir insbesondere meine Pflegemutter zugethan war, ist fast nicht gut zu beschreiben: mit einer solchen Aufopferung, Hingebung und wahrhaft gottseligen Innigkeit, wie mich meine Pflegemutter geliebt hat, mag wohl nur selten eine Mutter ihren eigenen leiblichen Sohn lieben. Es giebt aber auch sicher, wie ich glaube, nicht so gar viele Frauen, die sich mit der ehrwürdigen und vortrefflichen Just ebenbürtig vergleichen lassen dürften, wie selbst ausdrücklich Novalis und sonst alle noch, die mit ihr bekannt waren, einstimmig erklärt haben. Goethe, welcher sich zum Gebrauche der Schwefelquellen in Tennstädt von c. 23. Juli bis zum 10. September 1816 aufgehalten hat, verkehrte häufig und gern im Just'schen Hause und bezeigte meiner Pflegemutter große Hochachtung. Da ich zu dieser Zeit gerade meine Sommerschulferien in Tennstädt zubrachte, so hatte ich Gelegenheit, Goethe bekannt zu werden, und zugleich das Vergnügen, denselben auf seinen Spaziergängen begleiten zu dürfen.*)

Zu Michaelis reiste ich nach Leipzig und ließ mich an der Universität inscribiren. Vor Beginn der Collegia aber sollte ich mich, wie bestimmt war, erst noch ein wenig in der Welt

---

*) S. „Goethe in Tennstädt und mit Friedrich Krug von Nidda. Theilnehmenden zum Wolfsgangtag 1873 zugestellt von Woldemar Freiherr von Biedermann. Dresden, Druck von Teubner. 1873. 8°. S. 4—5."

umsehen und auch Gelegenheit nehmen, meinen Vater kennen zu lernen. Derselbe war inzwischen Major in Preußischen Diensten geworden, und in Schleusingen als Platzkommandant angestellt. Ich danke Gott heute noch dafür, daß Er mir das Glück gewährt hat, meinem leiblichen, damals mir noch unbekannten Vater näher zu treten, und zu fühlen, daß alle Widerwärtigkeiten den Naturtrieb der Vaterliebe nicht hatten unterdrücken können: der Vater nahm mich, obschon ich ihm völlig unbekannt war, doch im höchsten Grade liebevoll auf. Wohl war ich ziemlich beklommen, als ich in das Haus am Schleusinger Markte, wo mein Vater wohnte, eintrat; zwar wußte ich, daß meinem Vater von dessen Bruder dem Fürstlich-Reußischen Oberhofmarschall v. Falkenstein in Schleiz, meinem Oheim, meine bevorstehende Ankunft bereits angekündigt worden war, aber ich wußte doch nicht, wie der Empfang von Seiten meines Vaters sein würde. Und wie unerwartet liebevoll war nun derselbe! Ganz glückselig verlebte ich damals einige wenige Tage im Hause des Vaters, um dann noch vor meiner Uebersiedelung nach Leipzig einen Ausflug in das Böhmische Grenzland und die Sächsische Schweiz zu machen; denn diese Gegenden durchwandert zu haben, gehörte damals zu den Großthaten der Jugend. Gehoben von dem beglückenden Gefühle, den Vater endlich — und wie gut hatte es Gott doch so gefügt, da mein lieber Vater bald nachher gestorben ist — gefunden zu haben, und in der frohen Aussicht auf die schönen Gegenden, die ich besuchen sollte, sowie auf das mich erwartende herrliche Universitätsleben trat ich in Begleitung von ein paar Kommilitonen vergnügt meine Wanderung an. Zunächst führte uns unser Weg nach Eger, wo natürlich die an Wallenstein erinnernden Orte und die damals berühmte Münzsammlung des vormaligen Scharfrichters von Eger in Augenschein genommen wurden.

Leider hatte ich in Eger das eigenthümliche Mißgeschick,

daß man mich, weil ich Leipziger Student war und als Legitimation nichts weiter als meine (lateinisch abgefaßte und daher natürlich nicht allerwärts verständliche) Inscription bei mir führte, als verdächtig ansah, zu den damals in Preußen sowohl als in Oesterreich streng verfolgten Burschenschaftern zu gehören, und deßhalb arretirte; der Umstand, daß ich ziemlich langes Haar trug und gerade Student von Leipzig war, wo die Burschenschaft in schönster Blüthe stand, mochte einen solchen Verdacht veranlaßt haben, trotzdem daß mir der den Burschenschafter in der Regel kennzeichende Bart und die übliche Kleidung fehlten. Obwohl meiner Unschuld bewußt, war ich doch sehr niedergeschlagen, in den polizeilichen Arrest folgen und meine Reisegefährten in Besorgniß um mich im Gasthause zurücklassen zu müssen. Es war Abends gegen neun Uhr, als mich der Polizeidirektor von Eger, Grüner mit Namen — Bruder des späteren Generalconsuls in Leipzig — aus der Arreststube zu sich bescheiden ließ, um mit mir eine Art Verhör anzustellen, d. h. aus einer Unterhaltung mit mir sich Licht darüber zu verschaffen, ob ich des Verdachtes schuldig oder unschuldig sei: er ließ sich zu diesem Zwecke den Verlauf meiner bisherigen Reise erzählen und mittheilen, wohin ich von Eger noch weiter zu gehen beabsichtige. Nun hatte ich auf meiner Wanderung von Tennstädt aus auch Weimar berührt, und war dort im Hause des Geheimraths Schmidt zufällig mit Goethe zusammengetroffen, der mich ja von seinem Tennstädter Aufenthalte her noch kannte: jugendliche Lebhaftigkeit verführte mich dazu, in meiner Erzählung dem Polizeidirektor gegenüber den berühmten Goethe als eine Art genaueren Bekannten von mir darzustellen, von dem ich manches mitzutheilen wußte, was ich von ihm auf den Tennstädter Spaziergängen und im Just'schen Hause gehört hatte. Und als ich sah, daß die Erwähnung meiner Bekanntschaft mit Goethe auf den Polizeidirektor einen für mich ganz günstigen Eindruck machte, da mag mich wohl die Phantasie soweit fortgerissen haben, in meiner Schilderung von und über Goethe manche Dichtung mit Wahrheit zu vermengen. Der Erfolg davon war, daß der Polizeidirektor gegen mich sehr liebenswürdig wurde und mich einlud, mit ihm ein Glas Wein zu trinken, auch mitten in der Nacht noch, denn es war inzwischen schon sehr spät geworden, von der Polizeiwache meine Inscription holen ließ, und darauf eigenhändig an seine Kollegen von Karlsbad und Teplitz, wohin ich noch zu reisen beabsichtigte, eine Empfehlung schrieb. Ich bewahre diese Inscription jetzt noch als Andenken an jenes Ereigniß in Eger. Der Polizeidirektor entließ mich dann mit aller Freundlichkeit sofort, damit ich anderen Tages früh nach Wunsch ungehindert meine Weiterreise antreten könne. Niemand war glücklicher als meine Reisegefährten, als ich wohlbehalten in das Gasthaus zurückkehrte: im Geiste hatten sie mich schon auf dem Transporte nach Prag in Ketten und Banden gesehen. Glücklicherweise konnte ich mit Horaz sagen: „Sic me servavit Apollo". Von Eger hatte unsere Reise über Karlsbad und Teplitz und durch die Sächsische Schweiz einen ganz befriedigenden Verlauf.

Es war nun die Zeit gekommen, die Universitätsstudien zu beginnen, hinsichtlich deren ich damals nur bedauern mußte, daß mir Niemand zur Seite stand, der mir in der richtigen und zweckmäßigen Wahl mit gutem Rathe hätte zur Hand gehen können. Ich hatte zwar an verschiedene Personen — wie den Konsistorial-Assessor und Oberhofgerichts-Advokaten Dörrien, den Hofrath und Kreisamtmann Eisenhuth, den Landschreiber Seyfferth und den Oberstadtschreiber Werner — Empfehlungsschreiben mit nach Leipzig gebracht: es waren dies alle auch ganz treffliche Männer, die für mich erforderlichen Falles wohl in materieller Hinsicht, nicht aber für meine Studien sorgen mochten. Der Einzige, der sich meiner rücksichtlich der Studien einigermaßen annahm, war der damals berühmteste Jurist Professor Dr. Haubold, der mich bei Gelegenheit meiner Inscription zufällig gesehen und an mir Gefallen gefunden hatte. Ich widmete mich hauptsächlich der Jurisprudenz, nebenbei aber auch mit Vorliebe der Philologie, die mich mit dem berühmten Gottfried Hermann bekannt machte, dessen Vorlesungen ich fast schwärmerisch liebte und nur ungern versäumte.*) Auch mit Musik beschäftigte ich mich, für die mir, obwohl ich keinen Unterricht darin gehabt hatte, doch ein richtiges Gefühl angeboren zu sein schien. Von Verbindungen, unter denen ich wohl so manchen lieben Bekannten und Freund zählte, hielt ich mich selbst durchaus fern, und verwendete die Zeit, die ich beim Eintritte in eine Verbindung nothwendiger Weise hätte zum Opfer bringen müssen, lieber zu fleißigen Studien, um derentwillen ich auch unter meinen Kommilitonen bald eine Art Ruf besonderer Gelehrsamkeit erlangte, was zur Folge hatte, daß ich dann und wann von einigen Kommilitonen um Abhaltung von Examinatorien gebeten wurde. Abgesehen davon, daß mir diese Examinatorien einen kleinen Geldgewinn brachten — dessen ich zwar nicht gerade bedurfte, da ich von Haus aus jährlich nahezu 300 Thaler erhielt, eine Summe, die mich in den Augen Anderer als sehr wohlhabend damals erscheinen ließ — freute es mich, meinen Kommilitonen auf diese Art nützlich

---

*) S. „Einige Randbemerkungen zu H. Köchlys „Gottfried Hermann". Von Johann Paul von Falkenstein. Abgedruckt in den Neuen Jahrbüchern für Philologie und Pädagogik herausgegeben unter der Redaction von A. Fleckeisen und H. Masius. XLVI. Jahrg. 1876. Bd. 113. Leipzig, Teubner. 8°. S. 1—11." — Der Verfasser schreibt daselbst unter anderm: „Ich bemerke, daß ich während meiner ganzen Studienzeit von Michaelis 1819 bis Johannis 1822, obgleich Jurist, nach damaliger guter Sitte kein Kolleg bei Hermann versäumt habe, und daher noch jetzt Notizen aus seinen Vorlesungen, namentlich über Sophokles und über die Lateinische Metrik, über die er nur selten las, besitze, und daß ich ihm schon damals bekannt war und von ihm einstmals gefragt wurde, ob ich denn Philologie studiren wolle, und als ich dies verneinte, die Antwort erhielt: ‚Nun, ich bin eigentlich auch Jurist, und freue mich, daß die Philologie Sie anzieht.'"

zu werden. Von besonderem Interesse war es mir, daß ich eine Zeit lang die Führung von zwei jungen Leuten zugewiesen erhielt: es waren dies die Söhne des Besitzers des Rittergutes Belgershayn, des Geheimrathes und damaligen Sächsischen Gesandten in Paris von Uechtritz, über deren spätere Lebensschicksale ich wenig und zwar nicht gerade Erbauliches gehört habe.

Daß ich während meiner Universitätszeit vielfache Gelegenheit und Veranlassung gehabt habe, unter meinen Kommilitonen nähere Bekanntschaften zu machen, ist selbstverständlich; von diesen Bekannten sind so manche meine treuen Freunde geworden, nach denen ich freilich, wenn ich jetzt rückwärts blicke, mich vergeblich umschaue. Erst wenn mein Blick nach vorwärts gelenkt wird, darf ich hoffen sie wiederzufinden. Selbstverständlich ist es auch, daß mich die junge Damenwelt sehr zu interessiren anfing, und ich gern die Gelegenheit wahrnahm, ihr gegenüber mich liebenswürdig zu bezeigen, wobei mir meine natürliche muntere Laune ganz günstig zu statten kam, falls ich nicht, was zuweilen wohl geschah, durch einen unvorsichtig geäußerten Witz den günstigen Eindruck zu verwischen das Mißgeschick hatte. In meine Universitätszeit fiel auch die sogenannte Wertherzeit, und daß ich gleich vielen Anderen dem Einflusse derselben nicht unzugänglich geblieben bin, davon würden viele bald heitere, bald melancholische Ergüsse und Korrespondenzen mit Damen, in denen ich meine innersten Gefühle ausströmen ließ, beredtes Zeugniß geben. Leider bin ich kein Goethe oder etwas Aehnliches geworden, sonst hätten jene Ergüsse vielleicht noch jetzt Interesse für die Lesewelt. Ueberhaupt scheint das poetische Element damals in dem Kreise der Universitätsangehörigen weit mehr vorgewaltet zu haben, als dies jetzt der Fall ist. Selbst in den so anrüchig gewordenen Burschenschaften war ein Stück Poesie nicht zu verkennen. Mag man auch allen gerechten Grund haben, die Ausschreitungen der Burschenschafter, die zu ihrer Verfolgung hauptsächlich Veranlassung gewesen sind, zu verurtheilen, so muß doch zugestanden werden, daß ihren Bestrebungen etwas Ideales zum Grunde lag. Es waren eben Ideale, allerdings in Folge der politischen Unreife der Jugend nur zu häufig falsch verstandene, denen die Burschenschafter von Haus aus nachstrebten, und hätte man es damals nur gleich anfangs von oben aus verstanden, diese idealen Bestrebungen in die richtigen Bahnen zu lenken, so würde es zu den späteren Ausschreitungen vielleicht gar nicht gekommen sein. Jedenfalls darf man den ursprünglichen Bestrebungen der Burschenschafter einen idealen poetischen Hauch, der nichts von dem jetzt hier und da zu Tage tretenden Philisterhaften an sich hatte, nicht absprechen. Ich für meine Person bin, wie schon gesagt, allem Verbindungswesen fern geblieben: die mich vollauf beschäftigenden wissenschaftlichen Arbeiten, sowie meine Freude an dem mir an verschiedenen Orten zugänglichen Familienleben und nicht zum geringsten Theile auch meine Liebe zur Musik schützten mich vor aller und jeder etwaigen Neigung zu dem nur zu oft etwas wüsten Verbindungsleben.

Zu Anfang des Jahres 1822 beendigte ich meine akademischen Studien und unterzog mich dem juristischen Examen, ich bestand dasselbe sehr glücklich und erhielt zur großen Freude meines Pflegevaters die erste Censur cum elogio. Leider war es dem trefflichen Manne nicht beschieden, mein Leben weiter zu verfolgen: er starb kurz nach meinem Examen, am 22. März, am Schlagfluß. Sein Tod ward für mich von schwerwiegender Bedeutung; denn bei der Mittellosigkeit seiner Wittwe, meiner Pflegemutter, die, wenn sie sich auch mit Freuden ihren letzten Groschen für mich abgespart haben würde, doch für mich nicht viel mehr thun konnte, ward ich darauf hingewiesen, ernstlich daran zu denken, mir durch eigene Thätigkeit die Mittel zum ferneren Leben zu verschaffen. Glücklicher Weise bot dazu der gute und, ich darf wohl sagen, glänzende Ausfall meines Examens, welches öffentlich, also im Beisein anderer Kommilitonen stattgefunden hatte, den nächsten Anlaß. Es gab damals nämlich bekanntlich zweierlei Arten von Examen, ein öffentliches und eines foribus clausis; da nun jedesmal zwei Studenten examinirt zu werden pflegten, so hing es vom Zufall ab, wer von den beiden zum öffentlichen Examen zugelassen und wer, wie es hieß, „hinten" examinirt wurde. Mich hatte das Loos getroffen, öffentlich examinirt zu werden und somit auch mein Licht öffentlich und vor den Leuten leuchten lassen zu können. Dies hatte zur Folge, daß mein Ruf besonderer Gelehrsamkeit, den ich mir unter meinen Kommilitonen schon früher verschafft, noch vergrößert wurde, und ich mich bald von einer Anzahl Bittstellern, die mich um Abhaltung von Examinatorien ersuchten, umgeben sah. Solche Examinatorien waren damals ganz üblich und von strebsamen Studenten, welche das bloße sogenannte „Zureiten" oder „Einpauken" nicht liebten, sehr gesucht. Denn zu jener Zeit gab es noch kein Seminar, wie heutzutage, wo natürlich unter der Leitung eines Professors in Bezug auf die Einübung der Studenten Besseres und Nützlicheres erzielt werden kann, als dies in jener Zeit durch die von einem Kandidaten oder wohl gar nur von einem noch nicht ganz gereiften Studenten geleiteten Examinatorien möglich war. Auch bestand damals noch nicht das engere Verhältniß zwischen Professoren und Studenten, auf dessen Herstellung ich später als Regierungs-Bevollmächtigter ebenso wie als Kultusminister hinzuwirken nicht ohne Erfolg bemüht gewesen bin, und welches dazu dient, daß sich die jungen Leute in der ungezwungenen Unterhaltung mit den Professoren für ihre Wissenschaft mehr und mehr erwärmt und aufgemuntert fühlen. Meine Examinatorien, welche sich theils über die gesammte Rechtswissenschaft, theils nur auf einzelne Abschnitte derselben erstreckten, waren bald gut besucht: es pflegten in der Regel an einem solchen Examinatorium drei bis sechs, auch acht Personen Theil zu nehmen. Sie kosteten mir freilich auch viel Zeit, gleich im ersten Halbjahre nach meinem Examen z. B. täglich sechs Stunden. Dafür verdiente ich aber auch viel Geld, so daß ich mir den lange gewünschten Glück'schen Kommentar zu den Pandekten, Curtius' Sächsisches Recht, einige seltene Ausgaben des Corpus juris civilis und anderes mehr anschaffen, kurz meine bisher kleine Bibliothek sehr wesentlich bereichern konnte.

Im Laufe des Jahres nach meinem Examen, und nachdem ich im Kreisamte sowohl als auch zugleich im Stadtgerichte den Acceß erhalten hatte, rüstete ich mich dazu, mich als Privatdozenten an der Universität zu habilitiren. Zur Abhaltung von Vorlesungen fühlte ich in mir entschiedene Neigung, und hatte wohl auch den, wennschon damals noch nicht zur völligen Reife und Klarheit gekommenen Plan, mich für die Folge der akademischen Laufbahn ganz zu widmen. Unbewußt von einem solchen Plane geleitet, war ich darauf bedacht, mein ganzes Studium nach diesem Ziele hin einzurichten, namentlich die Quellen des Römischen Rechtes und die juristische Litteratur eifrig zu studiren; nebenbei beschäftigte ich mich gern und vorzugsweise mit Philologie und Deutscher Litteratur. Zur Zeit, wo ich mich als Privatdozenten habilitirte, gab es deren in Leipzig verhältnißmäßig sehr viele: darunter befanden sich aber nur wenige, von welchen ich eine Beeinträchtigung und Schmälerung meiner Lehrthätigkeit hätte zu fürchten brauchen. Von diesen wenigen war hauptsächlich Heimbach, der bekannte Herausgeber der Basiliken und nachmalige Oberappellationsgerichtsrath in Jena, obwohl mein Freund, doch mein steter Konkurrent. Ich las Institutionen, lateinisch, sowie Erbrecht und in dem Semester, wo der berühmte Haubold Sächsisches Recht nicht vortrug, auch Sächsisches Recht. Die Zahl meiner Zuhörer war eine, den Verhältnissen der Universität angemessen, nicht kleine, im Sächsischen Rechte belief sie sich auf fünfzig bis sechzig Personen. Nur in den Institutionen, die, wie gesagt, lateinisch gelesen und in der Regel blos von solchen besucht wurden, die ihre Studien ernster als gewöhnlich betrieben, beschränkte sich die Zahl der Zuhörer auf zehn bis zwanzig; darunter erinnere ich mich noch der Gebrüder v. Weber, von denen der eine als Oberappellations-Präsident und der andere als Geheimrath in Dresden gestorben ist, sowie des Oberappellations-Vicepräsidenten Siebenhaar, ebenfalls in Dresden. Sonst ist mir die Mehrzahl meiner Zuhörer aus dem Gedächtnisse entschwunden, sei es, daß sie der Tod aus meinem Gesichtskreise entrückt hat, oder daß wir uns im Leben nicht wieder begegnet sind. Für mich selbst wurden meine Vorlesungen nicht nur für die nächstfolgende Zeit, sondern und namentlich auch für mein ganzes Leben von großer Wichtigkeit und Bedeutung. Denn was eben die nächstfolgende Zeit betrifft, so gaben die Vorlesungen Veranlassung dazu, daß ich, seither noch völlig unbekannt, über die engeren Grenzen meines Wirkungskreises hinaus und bei den maßgebenden Personen in Dresden bekannt wurde.

Die Folge davon war, daß, als ich mich im Jahre 1823 um eine freigewordene Sekretariatsstelle in der Königl. Landesregierung in Dresden bewarb, der Kanzler v. Werthern mich sehr wohlwollend aufnahm: er habe, wie er sagte, viel Gutes von meinen Vorlesungen gehört, schätze auch meinen Großonkel, den Geheimrath und damaligen Sächsischen Gesandten in London Freiherrn v. Just, sehr hoch, und diesen werde es sicher mehr freuen, wie mir auch mehr nützen, wenn er mir mein Gesuch um die Sekretairstelle abschlage und dafür lieber die durch den Abgang des Herrn v. Langenn gerade erledigte Stelle eines Oberhofgerichtsrathes in Leipzig übertrage, natürlich vorausgesetzt, daß ich die erforderlichen Probeschriften zur Zufriedenheit fertige. Denn, meinte er lächelnd, wer hinter dem Stuhle (des Rathes nämlich), dies war damals der Platz der Sekretaire), gestanden hat, der kommt nicht auf den Stuhl. Im allgemeinen war dies wohl ein ganz weiser Grundsatz, weil man der Natur der Sache nach in der Regel annehmen durfte, daß diejenigen, welche Jahr aus Jahr ein blos die gefaßten Beschlüsse zu registriren und zu redigiren, nicht aber die Aufgabe oder Gelegenheit gehabt hatten, die verhandelten Fragen wissenschaftlich zu prüfen und sich ein selbständiges Urtheil darüber zu bilden, nach und nach jede geistige Spannkraft verlieren, sowie jeder höheren Anschauung und allem Selbständigkeitsgefühle entfremdet werden, ja schließlich zu einer Art bloßer Schreiber und Expedienten herabsinken mußten, die zu einer Rathsstelle nicht gepaßt oder wenigstens dieselbe in nur sehr mittelmäßiger Weise ausgefüllt haben würden.

Die Probeschriften waren rasch gefertigt, vielleicht etwas zu rasch; denn man sagte mir, daß wohl einige Zweifel darüber entstanden seien, ob die von mir über eine allerdings sehr schwierige Civilsache — sie betraf Ablösungsverhältnisse in Deutschenbora — gefertigte Arbeit als genügend angesehen werden dürfe, um mir eine Rathsstelle übertragen zu können, man habe aber, in Betracht, daß ich seither Akten noch nicht in Händen gehabt, mithin im Praktischen noch nicht so bewandert sein könne, die ganze Arbeit dagegen von genügenden theoretischen Kenntnissen Zeugniß gebe, von jenen Zweifeln absehen zu dürfen geglaubt. Das Glück war mir günstig: ich ward am 13. September 1824 zum Rath in latere nobilium (adeligen Bank) ernannt und erhielt zugleich zu meiner großen Befriedigung, gleich dem Herrn v. Langenn, meinem Vorgänger, die Erlaubniß, mich an den eigentlich nur für das latus doctorum (gelehrte Bank) bestimmten Arbeiten — d. h. zu referiren, Urthel abzufassen in großentheils wichtigen Prozessen von schriftsässigen Gütern und von Zeit zu Zeit zu examiniren — mit betheiligen zu dürfen. Diese Erlaubniß galt als eine besondere Begünstigung; denn die Herren auf der adeligen Bank standen im Kollegium in keinem sonderlichen Ansehen, und hatten auch nichts weiter zu thun, als den vierteljährlichen Sitzungen beizuwohnen und etwa ihre Gutachten über Frohnen und dergleichen geringfügigere Gegenstände abzugeben, niemals aber selbständig zu referiren. Namentlich war der dem Kollegium angehörige Ordinarius der Juristenfakultät Domherr und Professor Dr. Biener, der damals gefeierte Prozeßlehrer, sonst freilich ein etwas einseitiger Mann, gegen den Adel sehr eingenommen, und empfing mich daher, als an mich zum ersten Male die Reihe des Examinirens kam, und ich mich dazu bei ihm vorstellte, auf Grund seines Vorurtheiles gegen den Adel ziemlich ungnädig. „Hören Sie," sagte er, „die Herren von Adel können in der Regel kein ordentliches Latein und haben wohl auch das Jus nicht so inne, daß sie darüber examiniren könnten." Ich ließ mich indessen durch diese ungnädige Ansprache nicht abschrecken und bat, nach dem mir zustehenden Rechte zum Examiniren zugelassen zu werden. Und ich hatte die Genugthuung, daß Biener am Schlusse des Examens zu mir sagte: „Herr v. Falkenstein, Sie haben Ihre Sache recht gut gemacht und sprechen auch ein recht gutes Latein; nun, sehen Sie, es giebt überall in der Welt Ausnahmen." Seitdem ist mir, dessen darf ich mich rühmen und erinnere mich gern, der alte Biener immer besonders zugethan geblieben.

Neben den Geschäften des Oberhofgerichtes blieb meine Hauptthätigkeit dem Halten von Vorlesungen und Examinatorien fortdauernd gewidmet, was mir natürlich Gewinn brachte. Die überaus kärgliche Besoldung von 198 Thalern, die mir als Oberhofgerichtsrath gewährt war, hätte ja allein doch bei weitem nicht zugereicht, um mir zu einer meinem verhältnißmäßig hohen Range entsprechenden Stellung in der Welt die nöthigen Mittel zu bieten, zumal nicht in Leipzig, wo man dergleichen Stellungen nicht zu beurtheilen verstand und blos die brillante Amtsuniform anstaunte. Seit ich Oberhofgerichtsrath geworden war, galt ich in Leipzig für einen vom Glücke sehr bevorzugten Mann: in den sogenannten „Hausmachenden Familien" fand ich Zutritt und zuvorkommende Aufnahme, wurde in Gesellschaften gezogen, wo man

eigentlich nur gereifte und erfahrene Männer zu sehen gewohnt
war, und hatte auf diese Weise die beste Gelegenheit, mit vielen
ausgezeichneten Männern, an denen Leipzig wirklich nicht arm
war, in nähere Berührung zu kommen und von ihnen zu ler=
nen. In letzterer Hinsicht darf ich wohl sagen, daß Niemand
mehr zu meiner wissenschaftlichen wie praktischen Bildung bei=
getragen hat, als ein Mann, dessen Namen ich nur mit inniger
Verehrung nennen kann — der Oberschöppen= und Gerichts=
schreiber und nachmalige Stadtrichter Winter. Dieser für mich
ungemein wohlwollende, ja väterlich gesinnte Mann war ebenso
gelehrt, wie praktisch gewandt und stand in Leipzig sowohl als
später auch in Dresden in hohem Ansehen: er galt in Leipzig
neben dem Bürgermeister Hofrath Dr. Sickel für eine der juri=
stischen Größen, deren Urtheile man überall das höchste Ge=
wicht beilegte. Von einem solchen Manne, wie Winter war,
kann man sich heutzutage kaum eine richtige Vorstellung machen,
weil dazu allerdings die der Jetztwelt mangelnde Kenntniß des
damaligen Gerichtsverfahrens und der Stellung, die ein Ober=
schöppen= und Gerichtsschreiber und der Stadtrichter in Leipzig
einnahmen, gehören würde. Einfach und schlicht in seinem
Aeußern, scheinbar, weil klein von Gestalt, fast ohne die nöthige
Amtswürde, wußte Winter die Verhandlungen durch seine Klar=
heit, seinen Scharfsinn und vor allen durch seine Entschieden=
heit in ausgezeichneter Weise zu leiten und Sachwalter sowohl
als Parteien in den ihnen zugewiesenen Grenzen zu halten.
Die Sachwalter betrachteten ihn wahrhaft als ihren Lehrer, ja
als Freund und Berather. Man brauchte in der That nur
einmal den von Winter geleiteten Verhandlungen mit den so=
genannten „mündlichen Parteien" im Stadtgerichte beigewohnt
zu haben, um sich davon zu überzeugen, mit welchem raschen
Ueberblicke Winter die ganze Sachlage überschaute und den
Gang der Verhandlungen, bei denen er in der Regel auch selbst
protokollirte, zu einem gedeihlichen und gütlichen Ende zu führen

verstand; er suchte dieses Ende da, wo er bei den Parteien Geneigtheit zu einem Vergleiche fand, und nur der Kostenpunkt ein Hinderniß desselben bildete, wohl auch durch die Erklärung herbeizuführen, daß er nur die Hälfte der Kosten oder gar keine berechnen wolle. Es war dies der Anfang eines mündlichen Verfahrens in Civilsachen, wie wir es jetzt überall — ob mit gleich günstigem Erfolge? — werden eingeführt sehen. Die Zahl der Prozesse und Differenzen, sowohl unbedeutenderen als hochwichtigen, die von Winter jährlich zum glücklichen und für die Parteien segensreichen Austrage gebracht wurden, war stets eine ungewöhnlich große. Freilich kam Winter der Umstand dabei gut zu statten, daß die Sporteln zu seiner freien Verfügung standen, und er mithin die Macht hatte, durch theilweisen oder gänzlichen Erlaß der Sporteln viele gütliche Vergleiche herbeizuführen. Welch' edler Sinn und welche Uneigennützigkeit gehörte aber hierzu und anderentheils auch wieder welche Weisheit, um diejenigen Fälle zu ermitteln, wo die Beihilfe am richtigen Orte war. Wahrhaft rührend war es manchmal anzusehen, wenn die Parteien, die sich miteinander durch Winter's Vermittelung gütlich verglichen hatten, am Schlusse der Verhandlungen zu ihm kamen, um ihm für den befriedigenden Ausgang des Prozesses innig zu danken und zugleich die von ihnen im Laufe der Verhandlungen etwa im Unwillen gethanen harten Aeußerungen ihm abzubitten. Unter den Augen und der Leitung eines solchen Mannes, wie Winter zu arbeiten, war eine wahre Lust: ich hatte dieses Glück zwei Jahre hindurch und dabei vollauf Gelegenheit, gute praktische Kenntnisse einzusammeln. Der Zufall fügte es damals, daß ein Freund Winter's, der Bürgermeister Siegmann, zugleich Mitglied des Schöppenstuhles, theils in Folge von Kränklichkeit, theils überhäufter städtischer Geschäfte mit seinen Arbeiten als Schöppe bedeutend in Rückstand geblieben war; Winter schlug mir vor, das Aufarbeiten der verbliebenen Reste zu übernehmen, Siegmann sei damit einverstanden, und er selbst wolle mich gern dabei unterstützen und meine Arbeiten durchsehen. Aus Anlaß dieser Arbeiten hatte ich nun eine sehr große Anzahl Entscheidungen abzufassen, und erhielt dadurch im Urthelfällen eine ziemliche Gewandtheit, die mir bei meinen Arbeiten im Oberhofgerichte ganz gut zu statten kam.

So lebte ich mitten unter diesen, obwohl — da ich fortdauernd noch Kollegien las — ziemlich anstrengenden Arbeiten in Leipzig bis nahe ans Ende des Jahres 1827 doch sehr glücklich und zufrieden, zumal ich immer noch Muße zu finden wußte, mich nach meiner Neigung litterarisch, z. B. durch eine Uebersetzung des Saint-Aulaire'schen Werkes über die Fronde,*) sowie durch eine Abhandlung über den Beweis der Eigenthumsklage,**) zu beschäftigen. Letztere Abhandlung, in welcher ich entschieden gegen die Ansicht Thibaut's, des gefeierten Heidelberger Rechtslehrers, zu Felde gezogen war, hat mir namentlich viele Freude gemacht, einmal weil sie in dem von Thibaut selbst mit Mittermaier herausgegebenen Archiv für civilistische Praxis Aufnahme erhielt, vielfach belobt wurde und sogar bei Urtheln Erwähnung fand, und das andere Mal, weil mir Thibaut selbst zugestand, daß ich ihn „besiegt" habe. Als ich später auf einer Rheinreise auch Heidelberg mit besuchte, habe ich im Hause dieses ehrwürdigen Mannes in der Unterhaltung mit ihm sowohl als anderen ausgezeichneten Männern, an denen Heidelberg damals reich war, sehr genußreiche Stunden verlebt.

---

*) Geschichte der Fronde. Vom Grafen von Saint-Aulaire. Aus dem Französischen übersetzt. [Ohne Namen des Uebersetzers.] Bd. I. II. Leipzig, Hartmann. 1827—28. 8°. XXIV, 397 & VI, 436 S.

**) Beyträge zur Theorie vom Beweise der Eigenthumsklage. Von J. P. von Falkenstein. Enth. im Archiv für die Civilistische Praxis hrsg. von E. v. Löhr, C. J. A. Mittermaier, A. Thibaut. Bd. X. Heidelberg. 1827. 8°. S. 226—44.

In diese Zeit meines Leipziger Aufenthaltes, der zu Michaelis 1827 vorläufig seinen Abschluß finden sollte, fällt auch die nähere Bekanntschaft mit meiner nachmaligen Gattin Constanze, der Tochter des Leipziger Patriziers, Kaufmann Ferdinand Gruner. Natürlich konnte damals, wo ich mich zu meinem Lebensunterhalte blos auf meine Kollegiengelder und den kargen Oberhofgerichtsraths-Gehalt angewiesen sah, und unter solchen Umständen und ohne alle sonstigen Hilfsquellen ans Heirathen noch nicht denken durfte, von einer innigeren Annäherung nicht die Rede sein.

Es war kurz vor Michaelis 1827, als ich aus Dresden gleichzeitig zwei Schreiben erhielt, das eine von dem Appellationsgerichts-Vicepräsidenten Freiherrn von Teubern und das andere von dem Kanzler der Landesregierung Freiherrn von Werthern: in dem ersten wurde ich aufgefordert, daß ich mich um eine frei gewordene Appellationsraths-Stelle bewerben solle, wogegen ich im zweiten die Aufforderung zur Bewerbung um eine Hof- und Justizraths-Stelle in der Landesregierung ausgesprochen fand. Wie schmeichelhaft und angenehm mir dem jungen und, ich will gar nicht leugnen, ehrgeizigen Menschen, zudem ohne Vermögen, diese Aufforderungen auch sein mußten, ebenso sehr setzten sie mich aus dem Grunde in Verlegenheit, weil ich zu keinem bestimmten Entschlusse kommen konnte, welcher Aufforderung ich Folge leisten solle. Bei einer etwaigen Entscheidung meinerseits für die Rathsstelle in der Landesregierung fiel es mir schwer auf's Herz, daß ich dabei den gerechten Wünschen irgend eines der Assessoren, die, wie mir bekannt war, auf eine Rathsstelle schon lange gewartet und gewissermaßen bereits als Referendare eine Art Anwartschaft darauf zu haben geglaubt hatten, hindernd in den Weg treten würde. Ich besprach diese Angelegenheit mit meinem väterlichen Freunde, dem Hofrath Bürgermeister Dr. Sickel, dem ich die Entschließung über meine Wahl zwischen jenen beiden Aufforderungen gern überlassen wollte, wußte ich doch, daß derselbe von den Personen und Sachverhältnissen in Dresden, die auf meine Entschließung besonders von Einfluß sein mußten, genauere Kenntniß habe. Obgleich nun Sickel, selbst einer der scharfsinnigsten Juristen seiner Zeit, meine ausgeprägte Vorliebe für die reine Rechtswissenschaft kannte, und mir um deßhalb lieber zur Bewerbung um die Appellationsraths-Stelle gerathen hätte, so hielt er es doch für politisch klüger, daß ich der Aufforderung des Kanzlers Folge leiste. Er war mit den Eigenthümlichkeiten des Kanzlers durchaus vertraut und wußte, daß derselbe, falls man die von ihm freiwillig angebotene Protektion ablehne, dies sehr übel vermerken und dem Betreffenden auch später entgelten lassen werde, wogegen man im anderen Falle, wo man seine Protektion annehme, der steten Fortdauer der gnädigen Gesinnung des Kanzlers sicher sein dürfe. Zudem war Sickel der Ansicht, daß, da die Landesregierung noch gar viel mit Justizsachen zu thun, aber an tüchtig geschulten Juristen nicht gerade Ueberfluß habe, ich dort den richtigen Boden für die Entwickelung meiner juristischen Thätigkeit finden und dabei, was für meine Zukunft noch von großem Vortheile werden könne, die Verwaltung näher kennen lernen würde. Dies entschied: ich meldete dem Kanzler meine Bereitwilligkeit zur Bewerbung um die mir von ihm angetragene Hof- und Justizraths-Stelle, erhielt auch sofort die Anweisung zur Anfertigung der üblichen Probeschriften und trat, da dieselben zur Zufriedenheit ausgefallen waren, zu Michaelis 1827 als Rath in das Kollegium der Landesregierung ein. — Das schöne Leipzig mußte verlassen werden!

Ja, das schöne Leipzig! Trotzdem daß ich ganz sicher sein durfte, in Dresden in ganz günstige und namentlich für meine Zukunft vortheilhaftere Verhältnisse zu kommen, als diejenigen waren, welche mir Leipzig in nächster Zeit noch hätte bieten können, so trennte ich mich gleichwohl nur mit wahrhaft schmerzlichem Gefühle von dieser Stadt, knüpften sich ja doch so viele angenehme und liebe Erinnerungen an die daselbst verlebten Jahre. Besonders schwer wurde mir der Abschied von den zahlreich versammelten Zuhörern, wohl über sechzig, in meinem Kolleg über Sächsisches Recht. So manche Thräne habe ich im stillen vergossen, wenn ich aller der guten und lieben Menschen gedachte, die mich freundlich bei sich und in ihre Familien aufgenommen hatten. Und wenn ich dazu alle die bedeutenden Männer — wie meine Kollegen im Ober=hofgerichte die Professoren Dr. Wenck und Dr. Weiße, ferner den Professor Dr. Gottfried Hermann, das Rathsmitglied Dr. Blümner und die anderen bereits genannten hochachtbaren Männer — deren näheren Umganges ich gewürdigt worden war, an meinem Geiste vorüberziehen ließ und dabei denken mußte, daß ich diesen Umgang fortan entbehren würde, wie hätte ich mich da nicht schmerzlich berührt fühlen sollen. Noch habe ich auch aus meinem Leipziger Aufenthalte einer höchst interessanten Bekanntschaft Erwähnung zu thun, nämlich mit der Familie des angesehenen Buchhändlers Göschen, dessen Gattin eine vertraute Jugendfreundin meiner Pflegemutter war. Der alte Göschen, ein schöner lebendiger Herr, der mit den damals berühmtesten deutschen Schriftstellern — ich nenne nur Goethe, Schiller, Seume, Wieland, Klopstock, Houwald — in Verbindung stand, seine Söhne feingebildete junge Männer, die Damen vom Hause schön und geistreich, hätten diese mich nicht außerordentlich anziehen sollen, zumal da ich von ihrer Seite ein ungewöhnlich herzliches Entgegenkommen fand: ich sah mich wie einen Verwandten und Freund behandelt. Seit ich Zutritt zu der Göschen'schen Familie gefunden hatte, ver=ging selten ein Sonnabend, an dem ich nicht in Gesellschaft meines Freundes Dr. med. Albert Braune, der ebenfalls zu den Freunden des Hauses Göschen zählte, nach Hohnstädt bei Grimma, einer Besitzung der Göschen'schen Familie, gewandert oder geritten wäre, um den Sonntag dort zu verleben und erst Montags nach Leipzig heimzukehren. Geritten — wie spaßhaft doch! denn wir hatten nur Ein Pferd zur Verfügung und ritten abwechselnd und bildeten uns dabei ein, auf diese Weise schneller und bequemer zum Ziele zu kommen. In Seifertshain, der Mitte des Weges, ward eingekehrt, ein Butterbrod gegessen und höchstens noch ein Gläschen Parfait d'amour dazu getrunken (das Bier war damals selten oder wenigstens schlecht). Obwohl uns diese Wanderung ziemlich ermüdete — in der Regel war aber Derjenige der müdeste, der das Pferd am meisten benutzt hatte — so fühlten wir doch, sobald nur Hohnstädt einmal erreicht war, nichts mehr von Ermattung; munter und frisch vergnügten wir uns an allerlei Zeitvertreib, es wurde bald musicirt, bald vorgelesen, bald getanzt, wohl auch Komödie gespielt und natürlich der beliebten Pfänderspiele nicht vergessen, bei denen wir gern von dem uns gewissermaßen zugestandenen freund- und verwandtschaftlichen Rechte Gebrauch zu machen suchten. Wahrlich eine herrliche Zeit, deren ich noch jetzt mit Freude gedenke!

Wenn ich oben sagte, daß ich mich mit wahrhaft schmerzlichem Gefühle von Leipzig getrennt habe, so mag ich aber auch doch anderentheils nicht verschweigen, daß, wenn ich auf mein gesammtes Leipziger Leben zurückblickte, mich ein sehr befriedigendes Gefühl bei meinem Weggange begleitete, das Gefühl, daß ich Leipzig mit durchaus gutem Gewissen verlassen könne, daß mich Gottes schützende Hand vor jedwedem Abwege glücklich bewahrt habe. Im wesentlichen mag hierzu wohl der fleißige Briefwechsel mit meiner herrlichen Pflegemutter das meiste beigetragen haben. Ebenso freisinnig, wie klug wußte dieselbe in ihren Briefen immer den richtigen Ton zu treffen, um mich den, ich will nicht sagen, etwas leichtfertigen, aber leichtlebigen jungen Mann, der sich nur zu leicht bald den augenblicklichen Eindrücken mit aller Lebhaftigkeit hingab, bald wieder, wie dies bei solchen Leuten öfters der Fall zu sein pflegt, von schwermüthigen Betrachtungen und hypochondrischen Träumereien hinreißen ließ, bald zu warnen und zu zügeln, bald wieder aufzurütteln und zu ermuntern; und in allen ihren Worten sprach sich eine solche Innigkeit und wahre Frömmigkeit aus, die nicht verfehlen konnten, auf mich jederzeit den tiefsten Eindruck zu machen. Die wirklich prächtigen und auch stilistisch schönen Briefe, die sammt meinen tief empfundenen Antworten noch vorhanden sind, könnten für so manchen jungen Mann von großem Nutzen und lehrreich sein und dürften vielleicht mehr Beachtung verdienen, als der eine und der andere Briefwechsel, welcher zur Veröffentlichung gebracht worden ist. Nächst den Briefen meiner Pflegemutter hat aber auch gewiß der nähere Verkehr mit der Göschen'schen und namentlich Gruner'schen Familie segensreich auf mein Leben eingewirkt; nichts war geeigneter, als gerade dieser Verkehr, um mich von Lockungen, denen sich junge Männer in meinem damaligen Alter und von meinem leichtlebigen Sinne nur zu oft ausgesetzt sehen, abzuziehen und von Abwegen wegzulenken.

Abgesehen von dem schmerzlichen Gefühle, welches mich bei meinem Weggange von Leipzig begleitete, waren es hauptsächlich zwei Umstände, die mir meine Uebersiedelung nach Dresden etwas schwer machten, nämlich einmal der Gedanke, daß ich mich in Dresden wegen Mangels an Bekanntschaften — außer meinem Onkel, dem pensionirten Preußischen Kammerherrn Geh. Regierungsrath v. Falkenstein, gab es nur sehr Wenige, denen ich hätte näher treten können — sehr vereinsamt fühlen werde, und zwar um so mehr, als ich in Leipzig in Hinsicht des gesellschaftlichen Umganges an eine reichliche Auswahl gewöhnt worden war. Dann war aber auch das andere Mal der Gedanke, welche Aufnahme ich von Seiten meiner neuen Kollegen finden werde, für mich etwas beunruhigend. Auf einen sehr freundlichen Empfang von deren Seite meinte ich aus dem Grunde nicht gerade rechnen zu dürfen, weil ich glauben mußte, man werde annehmen, daß ich meine Stelle weniger meinen Kenntnissen, als einer Bevorzugung verdanke; denn die eine der Probeschriften war, da ich mich seither weniger mit der Praxis als mit der Theorie beschäftigt, nicht so ausgefallen, wie ich selbst wohl gewünscht und erwartet hatte. Indessen, ich sollte mich, wie die nächste Zeit schon lehrte, umsonst beunruhigt haben. Ich fand mich in der Landesregierung in kurzer Zeit bereits heimisch, erhielt bald, um mich des damals üblichen technischen Ausdruckes zu bedienen, ein Votum im Kollegium und wurde nicht selten, zu meiner besonderen Freude, mit dem Vortrage der schwierigsten Sachen betraut. Auch in gesellschaftlicher Hinsicht gestalteten sich die Verhältnisse ganz zu meiner Zufriedenheit: namentlich fand ich im Hause des Kanzlers v. Werthern eine sehr wohlwollende und zuvorkommende Aufnahme, die, wenn ich anders mit dem stillen Wunsche des Kanzlers einverstanden gewesen wäre, zu einer näheren Familienverbindung hätte führen können. Meine Gefühle und eigenen Wünsche aber waren auf ein anderes Ziel gerichtet; und da mich die Ordnung verschiedener noch rückständiger Angelegenheiten in Leipzig wiederholt dahin rief, und ich bei meinem Aufenthalte daselbst das Gruner'sche Haus gern mit besuchte, so war es mir natürlich jetzt, unter den ganz veränderten und günstigen Verhältnissen und im Besitze einer guten und auskommlichen Stelle, sehr nahe gelegt, dem früher schon gehegten Wunsch einer innigeren Annäherung an Constanze, die Tochter des Hauses, näher zu treten: mein an sie gerichteter Antrag einer ehelichen Verbindung ward von ihr sowohl als ihrer Familie günstig aufgenommen und die Verlobung gefeiert. Die eheliche Verbindung selbst erfolgte am 21. Juni 1829.*)

---

*) Aus der ehelichen Verbindung mit Henriette Constanze geb. Gruner 31. Dezember 1806 stammen folgende Kinder: 1. Lina Dorothea Constanze

Obwohl dieselbe keineswegs im Einklange mit dem Wunsche des Kanzlers v. Werthern gewesen war, so fand doch nichts desto weniger meine Gattin, wie anderwärts, ebenso auch im v. Werthern'schen Hause die liebenswürdigste Aufnahme.

Vergnügt und zufrieden lebte ich in Dresden bis zum Jahre 1835. Denn wenn sich auch während der Zeit meines Dresdner Aufenthaltes die Vorboten jener großen Revolution, welche Sachsen später so bedeutend erschüttern sollte, schon bemerklich machten — es war dies bekanntlich im Jahre 1830 — so störte mich dies doch weiter nicht, hatte sogar für mich insofern nicht unerhebliches Interesse, als ich dadurch Gelegenheit erhielt, eine, wenn dies nicht zu anmaßend klingen sollte, keineswegs untergeordnete und zudem nützliche Rolle zu spielen. Die damaligen Unruhen waren zunächst und hauptsächlich auf Befriedigung von durchaus nicht unberechtigten Wünschen hinsichtlich einer Aenderung und Verbesserung der seitherigen Kommunal-Verwaltung, besonders in den großen und mittleren Städten, gerichtet. Die natürliche Folge der dadurch im ganzen Lande veranlaßten Erregung war, daß auch über verschiedene andere Dinge gleich mit Beschwerde geführt wurde, ja daß viele Landgemeinden sich gewissermaßen für verpflichtet hielten, nicht hinter den Stadtgemeinden mit Beschwerden zu-

---

geb. 31. Januar 1832 in Dresden, verm. 23. Oktober 1853 mit dem als Generallieutenant und Königl. Generaladjutanten 7. Januar 1880 verstorbenen Carl Krug v. Nidda; 2. Laura Pauline Constanze geb. 22. Juli 1833 und gest. 22. April 1834 in Dresden; 3. Laura Johanna Constanze geb. 16. Mai 1835 in Dresden, verm. 18. Juli 1858 mit dem jetzigen Major a. D. Hannibal v. Lüttichau auf Schloß Bärenstein; 4. Heinrich Paul geb. 9. Juni 1836 und gest. 16. April 1842 in Leipzig; 5. Margarethe Constanze geb. 27. Juli 1839 und gest. 5. September 1840 in Leipzig; 6. Margarethe Pauline Constanze geb. 17. November 1842 in Leipzig, verm. 11. Oktober 1863 mit dem jetzigen Großherzogl. Oldenburg. Oberstallmeister und Kammerherrn Graf Clemens Wedel.

rückbleiben zu dürfen. Zudem hatte auch der bis dahin allgewaltige, etwas bigotte und schon deßhalb nicht beliebte Kabinetsminister Graf Einsiedel, als Besitzer großer und mit großer Umsicht geleiteter Eisenwerke, in gewissen Kreisen dadurch den höchsten Unwillen erregt, daß er kraft seiner Allgewalt im Interesse seiner Eisenwerke zu Maßregeln verschritten war, welche ähnliche Unternehmungen Anderer stark benachtheiligen mußten. Die Unruhen gaben mir, wie gesagt, Gelegenheit, eine Rolle zu spielen. Zunächst wurde ich zur Stillung der Unruhen als Königlicher Kommissar nach Großenhain gesendet, wo sich der zwar sehr brave und achtbare, aber auch sehr schwache Amtshauptmann der Beschwichtigung der erregten Bewohner nicht gewachsen gezeigt hatte. Meine Sendung war von günstigem Erfolge. Vorerst wurden mir zwar als eine Art Begrüßung die Fenster in meiner Wohnung eingeworfen — es war dies das erste Mal in meinem Leben, daß mir so etwas widerfuhr — allein da ich sehr bald viele Mißstände in der Verwaltung entdeckt hatte und nicht säumte, hinsichtlich dieser Mißstände, namentlich durch Entfernung des Kämmerers, schleunige Abhilfe zu schaffen, zugleich aber auch die Hauptunruhestifter festnehmen und bestrafen zu lassen, so waren die Unruhen nach kurzer Zeit gestillt. Ein paar spaßhafte Scenen sind mir von meinem damaligen Großenhainer Aufenthalte noch jetzt lebhaft im Gedächtnisse. Die erste war, als eines schönen Tages der Amtshauptmann mitten in der Nacht und in vollster Angst zu mir kam, um mich zu warnen und zugleich zu bitten, den Forderungen des Pöbels doch nachzugeben, da es sich ohnehin von der Gutmüthigkeit des größten Theiles der Bevölkerung sicher erwarten lasse, daß die Unruhen auch ohne strenge Maßregeln schließlich aufhören würden. Das andere Mal war es, wo ich, vom Pöbel umringt, auf das Rathhaus ging, um die Wahl von Kommun-Repräsentanten vornehmen zu lassen, und mir auf der Treppe ein Kerl, mit der Mütze auf dem Kopfe und der Pfeife im Munde, begegnete, der mich schimpfte; durch einen handfesten Gensdarm ließ ich denselben ohne weiteres festnehmen, und von Stunde an fand ich überall willigen Gehorsam. Allerdings war man damals an das Revolutionmachen noch nicht so gewöhnt und hatte darin nicht solche Fertigkeit, als später unter Leitung geübter Führer, und ein Königlicher Kommissar in Uniform flößte dem gewöhnlichen Manne noch Respekt ein. — Wie in Großenhain, so erhielt ich auch später noch anderwärts Gelegenheit, bei ähnlichem Anlasse und namentlich bei Einführung der neuen „allgemeinen Städte-Ordnung für das Königreich Sachsen vom 2. Februar 1832" als Königlicher Kommissar Verwendung zu finden.

Bevor ich indessen hierüber weiter spreche, möchte ich erst noch zweier Ereignisse Erwähnung thun, bei denen ich in damaliger Zeit mit betheiligt gewesen bin. Das erste derselben war die hauptsächlich auf Anregung des Leipziger Superintendenten Professor Dr. Großmann am 7. September 1831 in Breitenfeld veranstaltete Feier zum Gedächtnisse an die entscheidende Schlacht, welche dort im dreißigjährigen Kriege Gustav Adolph gegen Tilly geliefert und gewonnen hatte. Das große und schöne Rittergut Breitenfeld gehörte der Gruner'schen Familie, und dieser Umstand gab für mich den Anstoß dazu, eine auf jene Schlacht und deren Gedächtnißfeier bezügliche Schrift, mit Beihilfe meines Freundes, des späteren Oberbibliothekars der Leipziger Universität Gersdorf, herauszugeben.*) Das zweite und wichtigere Ereigniß war der Choleraschrecken, der sich um die Mitte des Jahres 1831 über Sachsen verbreitete. Wie sicher man auch über den ansteckenden Charakter dieser schrecklichen Krankheit, welche sich den Grenzen des Landes

---

*) S. „Erinnerung an die Schlacht bei Breitenfeld am 7. September 1631 und deren Feier am 7. September 1831. Mit einer Abbildung des Denkmahls und einem Schlachtplane. Leipzig, Voß in Comm. 1831. 8° 44 S. m. 2 Taf. (Ohne Namen d. Verf.'s.)

von der Unterelbe und der Oder her näherte, glaubte sein zu müssen, ebenso unsicher war man über die Art und Weise der Ansteckung und in Folge dessen der Abwehr dagegen. Unter solchen Umständen darf es nicht Wunder nehmen, daß die Regierung in ihrer Unkenntniß einer geeigneteren Maßregel zu einem wissenschaftlich freilich nichts weniger als gerechtfertigten und, wie sich auch hinterher gezeigt hat, keineswegs durchführbaren Absperrungssysteme ihre Zuflucht nahm. Die von der Regierung zu diesem Zwecke getroffenen Maßregeln sind späterhin vielfach bespöttelt worden, meinetwegen auch theilweise mit Recht, aber sie haben doch damals immerhin das eine Gute gehabt, daß sie die erschreckten Gemüther des Volkes für den Augenblick beruhigten und von so mancher unglücklichen Idee, z. B. die Häuser, in denen sich Kranke befänden, schwarz anzustreichen, ablenkten. Im großen und ganzen glaubte eben das Publikum an die Zweckmäßigkeit der getroffenen Maßregeln und der Glaube hat geholfen. Von Seiten der Regierung war eine eigene Cholera-Kommission eingesetzt worden, in welcher die Hof- und Medicinalräthe DDr. Kreyßig und Seiler, beide als medicinische Auctoritäten anerkannt, die Hauptstimme hatten. Diese Kommission sendete mich als Kommissar zunächst nach Prag, wo ich über den Stand der Krankheit nähere Erkundigung einziehen sollte, und dann nach Reitzenhain an der Böhmischen Grenze, sowie nach Lützschena und Freiroda an der Preußischen Grenze, um dort Kontumaz-Einrichtungen zu treffen. Mit großem Vergnügen erinnere ich mich meines Aufenthaltes in Prag, wo ich von Seiten des als Oberstburggrafen hochangesehenen und mächtigen Reichsgrafen Chotek eine so zuvorkommende und zugleich ehrenvolle Aufnahme fand, wie sie einem jungen Manne in meinen Jahren und in damaliger Zeit wohl nicht gleich wieder zu Theil geworden ist.
— Glücklicher Weise blieb Sachsen von der Cholera verschont.

Der Einführung der neuen Städte-Ordnung stellten sich

mehrfache Schwierigkeiten entgegen: theils waren es praktische Schwierigkeiten, welche der Ausführung der neuen Ideen der Gemeinde-Verwaltung überhaupt entgegentraten, theils waren es die damit in Verbindung stehenden vorher erforderlichen Erörterungen der theils gegen die städtischen Verwaltungen im allgemeinen, theils gegen einzelne Personen derselben erhobenen Beschwerden, welche sehr aufhältlich und hinderlich wurden, theils endlich zeigten sich darin Schwierigkeiten, daß sich die für die neu zu schaffenden Verwaltungsbehörden passenden und richtigen Personen nicht immer gleich finden ließen. Dazu kam noch, daß die eigentlich und von Amtswegen zur Einführung der neuen Städte-Ordnung berufenen Königlichen Behörden, die Kreis- und Amtshauptleute, an vielen Orten nicht den richtigen Takt und noch weniger die rechte Entschiedenheit zeigten, um mit günstigem Erfolge alle die Schwierigkeiten zu beseitigen, die sich von sächlicher sowohl als persönlicher Seite der Durchführung des Werkes entgegenstellten. Unter solchen Umständen blieb der Regierung nichts anderes übrig, als für jene Orte einen besonderen Königlichen Kommissar zu ernennen und denselben mit der Durchführung des Werkes zu betrauen. Zu diesem Zwecke ward ich wie für Grimma, Borna, Döbeln, Roßwein und Bischofswerda, so auch für Dresden zum Königlichen Kommissar ernannt, und ich freue mich heutigen Tages noch sagen zu können, daß es mir überall geglückt ist, das mir übertragene Werk zu allseitiger Zufriedenheit durchzuführen, wenn auch von mir hier und da tief einschneidende Maßregeln getroffen werden mußten, um Vorurtheile, grobe Mißbräuche und mit Recht mißliebige Personen zu beseitigen. Mit den meisten und größten Schwierigkeiten hatte ich bei der Ausführung des mir zugetheilten Auftrages in Dresden zu kämpfen, wo man mehr als anderwärts den neuen Verhältnissen mit entschiedenem Widerwillen entgegentrat, weil dadurch die seitherige Allgewalt des Stadtrathes gebrochen und der Bürgerschaft das Recht der Theilnahme an der Verwaltung innerhalb gewisser Grenzen gesichert werden sollte. Konnte man auch in Dresden nicht eigentlich von Unredlichkeiten sprechen, welche sich der Stadtrath als solcher hatte zu Schulden kommen lassen, so hatten sich doch so viele Eigenmächtigkeiten eingeschlichen, man begegnete in der Verwaltung so vielen Unregelmäßigkeiten, und die bestgemeinten Verfügungen wurden in solches Dunkel gehüllt, daß sich unter der Bürgerschaft überall ein offenes und in der That auch mehr oder minder gerechtfertigtes Mißtrauen gegen ihre städtische Behörde aussprach. Ich will hier nicht näher der zum Theil zwar sehr interessanten, aber so manches Mal auch wahrhaft aufregenden Verhandlungen gedenken, die ich zu führen gehabt habe, ehe ich mein Werk als gelungen und zu Stande gebracht bezeichnen konnte, wohl aber erinnere ich mich noch gern daran, daß die von mir vor versammeltem Kollegium des Stadtrathes und des Stadtgerichtes, sowie einer Deputation der Kommun-Repräsentanten gehaltenen Rede, mit der ich meine Wirksamkeit beschließen durfte, allseitig und mit vielem Beifalle aufgenommen wurde. Auch will ich nicht verschweigen, daß die mir damals von dem sehr freisinnigen Berichterstatter über „die Einführung der neuen städtischen Behörde und der allgemeinen Städteordnung in Dresden" Baumgarten-Crusius*) öffentlich gespendete ehrenvolle Anerkennung meiner

---

*) S. „Die Einführung der neuen städtischen Behörde und der allgemeinen Städteordnung in der Residenzstadt Dresden am 31. Mai 1832. Beschrieben von C. Baumgarten-Crusius. Dresden und Leipzig, Arnold. 1832. 8° S. 6." — In dieser Schrift findet sich auch S. 23—26 die oben angegebene Rede v. Falkenstein's abgedruckt; dieselbe lautet: „Hochzuverehrende Anwesende! Wir haben uns heute versammelt, um eine Feier zu begehen, die das Eigenthümliche hat, daß, wie erfreulich und erhebend sie auch heute für Uns ist, Wir doch ihre Wiederkehr in dieser Art weder erwarten noch wünschen können; denn jede als nothwendig erkannte, durchgreifende Umwandlung bestehender Verhältnisse setzt voraus, daß die bisherigen Einrichtungen veraltet und nicht zur rechten Stunde den gerechten

auf diese Einführung bezüglichen Wirksamkeit — „Die Repräsentanten der Kommun Dresden", sind seine Worte, „konnten sich des Eifers, der Freundlichkeit und der sicheren Haltung des Hof- und Justizraths v. Falkenstein, der, alle bürgerliche

Forderungen der Zeit angepaßt worden waren. So wie Wir daher nicht ohne Wehmuth in die Vergangenheit zurückblicken, aber doch mit freudiger Hoffnung der Zukunft entgegenschauen konnten, als im verwichenen Jahre unser geliebtes Vaterland eine neue, zeitgemäße Landesverfassung erhielt, so werden Wir auch heute, wo eine neue städtische Verfassung ins Leben tritt, zwar eine gewisse Bangigkeit des Gemüths nicht ganz verscheuchen können; aber auch heute wird in eines Jeden Brust die Wehmuth durch das Gefühl der Freude und des Dankes überwogen werden. Wir erblicken ja in der allgemeinen Städteordnung die erste herrliche Frucht der neuen Verfassung, mit welcher uns unsere geliebten Regenten beglückten, und ein reges gemeinsinniges Leben auch in den städtischen Verhältnissen entfaltet sich vor unsern Augen. Durch freie Wahl hat die Kommun ihre Vertreter sich erkoren und ihnen das schönste Gut, was sie hat, ihr volles Vertrauen geschenkt. Durch freie Wahl haben die Vertreter der Kommun die Männer bestimmt, in deren Hände sie das Wohl der Stadt gelegt zu sehen wünschen. Bei den Berathungen über die Organisation der neuen städtischen Behörde sind sie von dem allgemeinen Grundsatze geleitet worden: daß eine bewegte Zeit erhöhte Thätigkeit und vorzügliche Tüchtigkeit erfordert, und daß der pflichtgetreue Mann seinen höchsten Lohn nicht in äußerer Vergeltung, sondern in dem Bewußtsein findet, seine Pflicht gethan zu haben. In Folge der gefaßten Beschlüsse wird nun der neugewählte Stadtrath künftig aus einem Bürgermeister und vier auf Lebenszeit ernannten Mitgliedern bestehen, welchen jedoch aus besonderen Gründen für diesmal ein durch Umsicht und Erfahrung erprobtes Mitglied des vorigen Stadtraths beigegeben worden ist. Hiernächst sind in Gemäßheit der Städteordnung aus der Mitte der Bürgerschaft zwölf Personen zu Mitgliedern des Stadtraths auf Zeit ernannt worden. Sämmtliche Gewählte haben sich, beseelt von dem Wunsche, für das Beste der Kommun zu wirken, zur Annahme der Stellen bereit erklärt, und nachdem ich, als von Sr. Königl. Majestät und Sr. Königl. Hoheit zur Einführung der allgemeinen Städteordnung in der Residenzstadt Dresden verordneter Kommissarius, über das Resultat der Wahl Bericht zu der vorgesetzten Regierungsbehörde erstattet hatte, ist mir durch Verordnung vom 27. Mai d. J. die Bestätigungsurkunde eingehändigt

Freiheit ehrend, die Schritte, die noch zu thun waren, allein durch die Gesetzlichkeit ordnete und lenkte, in welcher einzig die wahre Freiheit besteht, mit vollem Herzen erfreuen" — mir noch heute wohlthut. Mit aufrichtiger Freude habe ich im

und zugleich den sämmtlichen Mitgliedern des Stadtraths, mit Ausnahme des Bürgermeisters, das Prädikat ‚Stadträthe‘ ertheilt worden. (Hier folgt das Verlesen der Bestätigungs=Urkunde.) In Folge dieser Bestätigung wird nunmehr Ihre Verpflichtung resp. als Bürgermeister und Stadträthe erforderlich. Die Wichtigkeit Ihrer Verpflichtung und des zu leistenden Eides ist Ihnen bekannt: ich ersuche Sie demnach, Acht zu haben auf das, was Ihnen diesfalls vorgelesen werden wird. (Akt der Verpflichtung.) Indem ich nun Ihnen, Herr Bürgermeister, die Bestätigungsurkunde übergebe, ersuche ich Sie, dieselbe beim Rathsarchive verwahrlich beilegen zu lassen. Sie haben nun zwar, verehrter Herr Bürgermeister und hochzuverehrende Herren Stadträthe, schon vorläufig mir Ihre Absicht zu erkennen gegeben: daß Sie den wegen Besetzung des Stadtgerichts durch die Herren Kommunrepräsentanten in Gemäßheit der Städteordnung gethanen Vorschlägen Ihre volle Beistimmung nicht versagen können; ich muß Sie jedoch insgesammt ersuchen, mir feierlich zu erklären, ob Sie nun, nachdem Sie selbst bestätigt und verpflichtet sind, annoch allenthalben mit jenen Vorschlägen einverstanden sind, und mithin die Herren Stadtrichter Schmaltz, Vicestadtrichter Rögner, Senator Reinhardt, Senator Hoyer, Senator Dr. Stübel, Senator Burckhardt und Senator Herfarth zu resp. Stadtrichter, Vicestadtrichter und Mitgliedern des Stadtgerichts gewählt haben wollen? (Hier folgt die beifällige Erklärung.) Bei der allgemeinen Achtung, in welcher die vorgenannten Männer stehen, und bei dem Bestreben des neugewählten Stadtraths, den zweckmäßigen Wünschen der Kommun zu entsprechen, war man wohl berechtigt, ein so erfreuliches Einverständniß zu hoffen, und ich bin daher im voraus durch Verordnung des Königl. Landes=Justiz=Kollegiums ermächtigt worden, für diesen Fall die Bestätigung der gewählten Herren auszusprechen und sie zu verpflichten, auch daß Ihnen, mit Ausnahme des Stadtrichters und des Vicestadtrichters, das Prädikat ‚Stadtgerichtsräthe‘ beigelegt worden ist, zu eröffnen. Auch Sie, hochgeehrte Herren, ersuche ich nun auf die Pflichtnotul Acht zu haben, die Ihnen vorgelesen werden wird. (Akt der Verpflichtung.) Indem ich nun hiermit Ihnen, hochzuverehrende Herren, die Sie im Namen der Kommun dieser feierlichen Handlung beiwohnen, den neugewählten, bestätigten und verpflichteten Stadtrath und in gleicher Weise

Laufe der Jahre verfolgen können, wie sich das damals unter meiner Leitung nach langen Mühen geschaffene Werk an der Hand tüchtiger Männer zu einem wie für das Vaterland ehrenvollen, ebenso für die Stadt segensreichen entwickelt hat, und sehe mit gleicher Freude, daß man das mir damals zur

---

das Stadtgericht vorzustellen die Ehre habe, drängt mich das Gefühl, Ihnen von ganzem Herzen Glück zu wünschen zu der Vollendung eines Geschäfts, von dessen Resultat das Wohl oder Wehe der Kommun abhing. Ich bin nicht Bürger dieser Stadt; aber ich glaube im Namen der Gesammtheit hiesiger Bürger und Einwohner es aussprechen zu können: daß die Wahl eine glückliche zu nennen sei, und daß sie der Besonnenheit, Umsicht und Reinheit der Gesinnung zu verdanken ist, die mich in Ihren Versammlungen, denen ich beiwohnte, so innig erfreut und ergriffen hat. Daß auch hierbei Ihr würdiger Herr Vorsteher segensreich gewirkt hat und als Muster vorangegangen ist, darin werden Sie alle mir beistimmen, und es muß und wird Uns alle freuen, daß Wir ihn heute unter uns erblicken, geschmückt mit dem Zeichen des Beifalls, welches er aus den Händen unsers geliebten Mitregenten für sein Verdienst und seine Treue erhalten hat. Sie endlich, meine hochgeehrtesten Herren, die ich nunmehr als Mitglieder des neuen Stadtraths und Stadtgerichts begrüße und einweise: Sie kennen die hohen Verpflichtungen, die Sie jetzt übernommen haben; durch zweckmäßige Verwaltung, durch strenge Rechtlichkeit und durch Humanität werden Sie das Beste der Kommun wie ihr eigenes Glück befördern. Sie alle genießen den schönen Ruf der Unbescholtenheit, Geschicklichkeit und des treuen Bürgersinnes: möchten Sie dieses herrliche Kleinod auch ferner bewahren; möchten immer Männer an der Spitze städtischer Behörden stehen, wie die, die Wir an der Spitze der unsrigen erblicken, bei denen die Wissenschaft das bewirkt hat, was sie wirken soll: Kraft des Geistes und Milde des Herzens. Sollten Wir da nicht frohen Hoffnungen uns hingeben? sollten Wir nicht mit Recht erwarten, daß Jeder mit Freuden einer solchen Obrigkeit gehorsam sein wollte? daß unter Ihrer Leitung wahres Vertrauen und echter Gemeinsinn immer schönere Früchte tragen werde? Ohne Schwierigkeiten mannigfacher Art, meine Herren, wird Ihr Beruf nicht sein. Wer aber auf Gott vertraut und auf sich selbst, der vermag alles zu überwinden. Dies ist das Einzige, was ich Ihnen noch zurufe, und der Lohn Ihres treuen Wirkens wird die innere Stimme sein, die Liebe Gottes und die Liebe aller Gutgesinnten."

Anerkennung ertheilte „Ehrenbürgerrecht der Residenzstadt Dresden" noch jetzt hoch in Ehren hält.*)

Im Jahre 1834 erhielt ich durch den Minister des Innern die Anzeige, daß ich zum Geh. Regierungsrathe in seinem Ministerium ernannt worden sei. Mußte mich diese Ernennung als eine besondere Auszeichnung natürlich mit großer Freude erfüllen, so war sie mir aber auch um deßwillen höchst willkommen, weil sie mich, wie ich wähnte, aus der Ungewißheit riß, wohin ich in Folge der damals bevorstehenden Einführung der veränderten Organisation der oberen Justiz- und Verwaltungs-Behörden von dem mir inzwischen sehr lieb gewordenen Dresden verschlagen werden könne. Meine seitherigen Kollegen in der Landesregierung schwebten sämmtlich

---

*) Kurz nach dem Tode v. Falkensteins haben die Dresdner Stadtverordneten in ihrer öffentlichen Sitzung vom 18. Januar 1882 Gelegenheit genommen, der großen Verdienste, die sich der Verstorbene um die Stadt Dresden bei Einführung der Städte-Ordnung erworben hat, Erwähnung zu thun und durch ihren Vorsitzenden die darauf bezüglichen Stellen aus den Protokollen der Kommunrepräsentanten vom Jahre 1832/33 wörtlich zum Vortrage bringen zu lassen. Der Eingang dieses Vortrages lautet: „Vor wenigen Tagen schied der Mann aus unserer Mitte, der an der Wiege der Städteordnung gestanden, der sie vor fünfzig Jahren zur Seite des unvergeßlichen v. Lindenau mit schaffen half, dem Rath und Stadtverordnete in Dresden ihre erste Organisation und Einweisung verdanken: Herr Staatsminister v. Falkenstein. Er hat als Königlicher Kommissar vor fünfzig Jahren die Städteordnung bei uns eingeführt, die Stadtrathswahl geleitet, das Regulativ für die Armenversorgungsbehörde vorbereitet. In dankbarer Erinnerung seiner hierbei um die Stadt Dresden erworbenen Verdienste ergriffen unsere Vorgänger, die Kommunrepräsentanten, im Jahre 1833 die Initiative, um ihm das Ehrenbürgerrecht der Stadt Dresden zu ertheilen. So ward Staatsminister v. Falkenstein der erste Ehrenbürger der Stadt Dresden. Es sei mir gestattet, aus den Protokollen der Kommunrepräsentanten von Dresden der Jahre 1832 und 1833 die wichtigsten hierauf bezüglichen Stellen wörtlich als Ehren- und Erinnerungskranz auf das frische Grab des Heimgegangenen niederzulegen 2c." S. Dresdner Anzeiger vom 25. Januar 1882. Nr. 25. S. 3—4.

in dieser ziemlich peinlichen Ungewißheit. Wie gesagt, war ich nun derselben meiner Meinung nach durch jene Ernennung entrissen, und nahm mit großer Genugthuung die Glückwünsche entgegen, die man mir aus diesem Grunde darbringen zu müssen glaubte. Mit aller Lust und Liebe arbeitete ich im Ministerium, zunächst als Stellvertreter des alten Geh. Regierungsraths Dr. Merbach, der den Wiener Konferenzen mit beiwohnte, und beschäftigte mich dann nach der Rückkehr desselben hauptsächlich mit dem Entwurfe einer neuen Landgemeinde-Ordnung, die nach Analogie der neuen allgemeinen Städte-Ordnung ausgearbeitet werden sollte. Da überraschte mich eines Abends der Minister v. Carlowitz mit der Nachricht, daß ich dazu bestimmt sei, Kreisdirektor in Leipzig zu werden. Zwar war für diesen Posten Herr v. Langenn, der seither das Amt eines Königlichen Kommissars in Leipzig inne gehabt hatte, ausersehen gewesen, inzwischen aber zu der ebenso ehrenwie vertrauensvollen Stellung eines Erziehers des Prinzen Albert, ältesten Sohnes des Prinzen Johann, berufen worden und mithin nicht mehr in der Lage, jenen ihm zugedachten Posten zu übernehmen. An seine Stelle wurde ich also am 15. April 1835 zum Kreisdirektor ernannt, mit der Bestimmung, daß ich mein Amt bereits am nächsten 1. Mai anzutreten habe. Ich muß gestehen, daß im Hinblicke auf den von mir gehegten Wunsch und die Hoffnung, in Dresden bleiben zu können, meine Ueberraschung vorerst größer war, als meine Freude über die Ernennung. Es fehlte mir zwar weder an Ehrgeiz, noch an Selbstgefühl, die mich eigentlich zur Freude hätten veranlassen müssen, aber ich konnte mir auch nicht verhehlen, daß meine Stellung in Leipzig eine überaus schwierige sein werde. Wer Leipzig kannte, wußte nur zu gut, daß dort der in Folge der veränderten Organisation der oberen Justiz- und Verwaltungs-Behörden neu ins Leben gerufenen Kreisdirektion ein entschiedener Widerwille entgegen gebracht wurde.

Dazu kam, daß ich nicht blos Kreisdirektor, sondern zugleich auch Regierungs-Bevollmächtigter, als Nachfolger des Herrn v. Langenn, auftreten sollte — des Mannes, der sich durch seine Talente, die ich selbst sehr gut kannte und schätzte (ich hatte bei ihm während meiner Studienzeit Examinatorien gehabt und war seitdem mit ihm in Verkehr geblieben), und insbesondere durch seine Liebenswürdigkeit eine ungemein große Popularität erworben hatte. Ueberdies war meiner Gattin körperliches Befinden damals gerade ein solches, daß sie mir für den Augenblick nicht nach Leipzig folgen konnte, sondern in Dresden noch zurückbleiben mußte, was eben auch mit dazu beitrug, mir meine Uebersiedelung nach Leipzig nichts weniger als angenehm erscheinen zu lassen. Indeß die Pflicht rief, ich ging nach Leipzig und habe es nicht zu bereuen gehabt. Abgesehen von der schweren Prüfung, die mir Gott während der Zeit meines Leipziger Aufenthaltes hauptsächlich durch den Tod meines herzigen, körperlich sowohl als geistig schön entwickelten Knaben auferlegt hat, habe ich fast zehn volle Jahre in Leipzig glücklich und, ich darf getrost hinzufügen, geachtet gelebt. Als ich im Jahre 1844 von Leipzig schied, folgte mir die Liebe und Achtung der Leipziger, soweit ich mit ihnen im Verkehr gewesen war.

Mein Leipziger Leben als Kreisdirektor und Regierungsbevollmächtigter hat, wenn schon viel Interessantes, gleichwohl aber auch, zumal im Anfange, viel Unangenehmes für mich gehabt. Am 23. April wurde ich vom Minister v. Carlowitz in mein Amt eingewiesen, und hatte bei dem der Einweisung folgenden Festmahle, dem der Stadtrath und die Stadtverordneten beiwohnten, Gelegenheit, meine erste offizielle Rede zu halten; dieselbe war, wie ich glaube, sowohl ihrem Inhalte als auch ihrer Form nach gelungen, und es schien mir, daß dadurch Mancher veranlaßt wurde, von gewissen Vorurtheilen, mit denen man meiner Ankunft entgegen gesehen hatte, zurück=

zukommen. Nichts desto weniger blieben mir, wie gesagt, verschiedene Unannehmlichkeiten nicht erspart. Den nächsten Anlaß dazu gab der Stadtrath, an dessen Spitze damals der Bürgermeister Dr. Deutrich stand. Der Stadtrath war nämlich seither gewöhnt gewesen, seine Berichte, unter der Adresse des Königs, unmittelbar an das Kabinet einzusenden, und mochte sich nicht dazu entschließen, von dieser Gewohnheit abzugehen und seine Berichte an die Kreisdirektion als seine nunmehr unmittelbar vorgesetzte Behörde einzureichen; erst als die nach Dresden gesendeten Berichte wiederholt von dort zurückgeschickt worden waren, mit der mahnenden Weisung, daß dieselben an die Kreisdirektion zum Zwecke weiterer Verfügung abzugeben seien, bequemte man sich endlich hierzu, und fing an zu begreifen, daß in dieser Angelegenheit nichts mehr zu ändern sei und die Kreisdirektion als die dem Stadtrathe zunächst vorgesetzte Behörde beachtet werden müsse. Es geschah dies allerdings mit großer Unlust, die im Verkehre des Stadtrathes mit der Kreisdirektion nur zu oft zu Verdrießlichkeiten aller Art führte und vielleicht noch zu größeren geführt haben würde, wenn ich selbst nicht mit dem Bürgermeister in gutem persönlichen Verhältnisse gestanden hätte. Es erheischte von meiner Seite eine bis an die äußerste Grenze gehende Geduld, bis in diesem Verkehre ein erträgliches Verhältniß hergestellt werden konnte. Indessen, als nur einmal zu einem besseren Verkehre Bahn gebrochen worden, und man zur Ueberzeugung gekommen war, daß die Kreisdirektion nichts weniger als darauf ausgehe, das Ansehen der städtischen Behörden zu untergraben, sondern im Gegentheile bemüht sei, dasselbe zu unterstützen und nach allen Seiten hin Billigkeit und Gerechtigkeit zur Geltung zu bringen, so gestaltete sich der Verkehr zwischen der Kreisdirektion und dem Stadtrath schließlich zu einem so freundlichen, offenen und ehrlichen Verhältnisse, wie man es sich besser nicht hätte wünschen können. Freilich trug hierzu auch der Umstand viel bei, daß von Seiten der Regierung der Kreisdirektion verschiedene besondere Aufträge in die Hand gelegt waren, deren befriedigende Ausführung für die Stadt unverkennbar von großer Wichtigkeit werden und zum Segen gereichen mußte. Dahin gehörte zunächst das der Kreisdirektion zugetheilte Commissoriale für das damals ganz neue Bankinstitut und ganz besonders für die von dem bekannten Nationalökonomen List und dem Kaufmann Harkort, in Gemeinschaft mit anderen angesehenen Kaufleuten, angeregte Frage des Baues einer Eisenbahn von Leipzig nach Dresden.

Der unsäglichen Schwierigkeiten, welche sich damals der Ausführung dieses Unternehmens entgegen stellten — man kannte ja das Wesen und die Wichtigkeit der Eisenbahn zu jener Zeit so gut wie gar nicht — und von denen man sich heutzutage keinen Begriff machen kann, will ich hier im allgemeinen nicht näher Erwähnung thun; die bei Gelegenheit der fünfundzwanzigjährigen Jubelfeier der Leipzig-Dresdner Eisenbahn im Jahre 1864 veröffentlichte Schrift*) gedenkt derselben

---

*) S. „Die Leipzig-Dresdner Eisenbahn in den ersten fünfundzwanzig Jahren ihres Bestehens. Denkschrift zur Feier des 8. April 1864 herausgegeben auf Veranlassung des Directoriums. Leipzig, Druck von Giesecke & Devrient. (1864.) gr. 8°. 2 Bll. 154 S. mit 3 Tabellen und einem Plan". — In dieser Schrift ist v. Falkenstein's S. 23, 27, 39, 49, 77—78, 87, 123—124 gedacht, sowie auch dessen bei der feierlichen Eröffnung der Eisenbahn am 7. April 1839 gehaltene Rede mitgetheilt. Dieselbe lautet: „So ist er denn erschienen und mit Jubel begrüßt worden, der herrliche Tag, dem Alle mit Sehnsucht entgegengeharrt, die die Wichtigkeit großer Ereignisse aufzufassen im Stande sind; gekommen ist er, der schöne Tag, an dem jeder Sachse mit edlem Nationalstolz ausrufen kann: ‚Du, mein Vaterland! hast die Anforderung der Zeit erkannt, und es ist dir ein Werk gelungen, das Zeugniß giebt von der geistigen Kraft, von dem beharrlichen Sinne, von dem rastlosen Vorwärtsstreben deines Volkes'; gekommen ist er, der schöne Tag, an dem wir rasch wie im Fluge dahin fahren, um Ihn in unsere Mitte zu führen, den edlen König, damit Er

ausreichend. Wohl aber rufe ich mir noch gern Einzelheiten von dem ins Gedächtniß zurück, was ich hinsichtlich des das Publikum fast überwältigenden Eindruckes, den die erste Eisenbahnfahrt in ihrer großartigen Erscheinung hervorrief, zu beobachten Gelegenheit hatte. Von diesem Eindrucke hat, wer nicht damals die erste Eisenbahnfahrt mit angesehen, gar keine Idee; man setzt sich jetzt, ohne weiter daran zu denken, daß es jemals anders gewesen sein könne, in den Wagen, ohne alle Furcht oder sonstige Bedenken, und spricht nur allenfalls seinen Unwillen darüber aus, daß die Fahrt nicht rascher vor sich geht, daß die Wagen nicht bequemer sind, daß durch öfteres Anhalten zu viel Zeit verloren wird, und was dergleichen mehr ist, wer aber wie

vom Ende bis zum Anfang schaue, was ernster Wille vermocht; damit Er dem neuen Wege die Weihe gebe, auf welchem künftig Tausende Ihm entgegen und Tausende von Seiner Nähe beglückt in die Heimath zurück eilen werden. Soll ich nun einzeln nennen alle die trefflichen Früchte, die Leipzig und Dresden, die dem gesammten Vaterland auf diesem schmalen und doch so ergiebigen Striche Landes entgegenreisen werden? Soll ich schildern, wie Handel und Gewerbe, wie alle Klassen der bürgerlichen Gesellschaft, bewußt und unbewußt, mittelbar und unmittelbar, neuen Aufschwung gewinnen werden? Soll ich anführen, wie das, was noch vor wenig Jahren als eitle Träumerei nur galt, zur Wirklichkeit gediehen; und ausführen, welche Hoffnungen daran für die sich knüpfen, deren materielle Interessen in mehr oder minder enger Verbindung mit dem vollendeten Riesenwerke stehen? Aufzuzählen vermag ich nicht jene Vortheile, diese Hoffnungen; und wenn ich's vermöchte, thät ich's an diesem Tage nicht. Denn nicht die Begier nach Gewinn, nicht eitle Schaulust oder gemeine Neugier — nicht das ist's, was diese Versammlung hier herführt und mit Begeisterung durchdringt: nein! es ist ein höheres Gefühl, ein Gefühl, das in der Brust eines Jeden am heutigen Tage sich regt, das den Armen wie den Reichen, den Hohen wie den Geringen belebt; das Gefühl: es ist ein großes Werk vollendet, das dem Vaterlande zur Ehre gereicht, ein Nationalwerk, das das geistige und physische Wohl der Nation fördert. Und dieses Gefühl, wen sollte es nicht erheben und begeistern zu dem innigsten Dank? zum Dank gegen den Höchsten, der das Werk und die, die daran gearbeitet, bisher in seinen Schutz geich der ersten Probefahrt von Leipzig nach Althen auf der Lokomotive mit beigewohnt und gesehen hat, wie von den Tausenden von Zuschauern alles von dem neuen und wunderbaren Schauspiele tief ergriffen und selbst bis zu Thränen gerührt war — man getraute sich nicht einmal laut zu sprechen, geschweige denn zu rufen, scheu und ängstlich schauten die Dorfbewohner auf die unheimliche dampfende Maschine — Der empfindet sicher noch heute die ganze Großartigkeit jener Schöpfung, und kann es nur beklagen, daß der Mensch, wenn nur einmal im Besitze und im Glücke, auch nur zu leicht der Personen vergißt, durch deren Genie und Kraft mit unglaublichen Anstrengungen und großen Opfern dieser Besitz und dieses Glück geschaffen worden ist. Wer

---

nommen hat und ferner schützen wird; zum Dank gegen den geliebten König, dessen wachendes Auge überall schafft und wirkt und hilft, wo es gilt, das Wohl des Volkes zu fördern, den darum das Kind wie der Greis, der Reiche wie der Arme liebt und ehrt; zum Dank, zum lebhaftesten Dank gegen den trefflichen Verein, der, Gustav Harkort an der Spitze, Jahre lang mit unablässiger Sorge, mit geistiger und körperlicher Anstrengung und mit einer Selbstverleugnung, die volle Anerkennung verdient und findet, lebendig die große Idee aufgefaßt und mit Beharrlichkeit und Umsicht in's Leben gerufen hat; zum Dank gegen die sachkundigen Männer und gegen die Arbeiter, die, von dem Talent und der Kraft der Handlung geführt, rastlos bemüht gewesen sind, rasch und tüchtig den stolzen Bau zu vollenden; zum Dank endlich gegen das gesammte Sächsische Volk, das mit richtigem Blick die Wichtigkeit des Unternehmens begriff und es förderte, wo und wie es konnte. Ja! wohl uns, die wir das heutige Vaterlandsfest begehen können; wohl den beiden, nun durch eiserne Bande aneinander geketteten Glanzpunkten des Landes, den Städten Leipzig und Dresden, aus deren Mitte die Männer hervorgingen, denen der heutige Tag ein Ehrentag ist, die die Jetztwelt ehrt und die die späte Nachwelt noch als Begründer und Erbauer des großen Werkes mit gerechtem Stolze bezeichnen wird. Ja! der Mitwelt wie der Nachwelt gehört das schöne Werk. Möge der Höchste es schützen und gedeihen lassen, damit das gesammte Vaterland fort und fort mit freudigem Blick auf den Tag zurückschauen könne, der ein Werk begrüßte, das erbaut ist zum Wohl und zur Ehre des Sächsischen Volkes!"

spricht jetzt in Sachsen noch viel von jenen Männern, wie List, Harkort, Dufour-Feronce, Seyfferth, Lampe und Kunz, höchstens daß man ihrer Mitwirkung bei der Erbauung der Leipzig-Dresdner Eisenbahn noch beiläufig gedenkt, sich aber an ihre damaligen Sorgen und Verantwortlichkeit, ihre geistigen wie körperlichen Anstrengungen und daran zu erinnern vergißt, welchen Segen jenes Unternehmen für das Land speziell, sowie für Industrie und Handel überhaupt gebracht hat. O, undankbares Geschlecht! Jetzt ist es freilich keine Kunst mehr, Eisenbahnen zu bauen, es ist auch jetzt, wo uns vieljährige Erfahrungen im Eisenbahnwesen zur Seite stehen, leicht und billig, über die Leipzig-Dresdner Bahn abzuurtheilen, ob die Wahl einer anderen Linie von Leipzig nach Dresden nicht zweckmäßiger gewesen sein würde, ob der Meißner Tunnel nicht habe wegbleiben können. Man verurtheilt letzteren, ohne zu beachten, daß heutzutage noch so mancher Viadukt und Tunnel, so manche Brücke, nicht immer im Interesse der betreffenden Bahn, sondern mehr zum Zwecke des Ruhmes, vielleicht auch materieller Vortheile der Techniker gebaut wird.

Für mich als Regierungs-Bevollmächtigten speziell gab es bei der Berathung und Ausführung des Eisenbahnprojektes Schwierigkeiten aller Art. Abgesehen davon, daß im Schooße der Regierung selbst sowohl als im Publikum, insbesondere in den mehr oder weniger maßgebenden Kreisen, anfangs die Meinungen über die Frage, ob überhaupt eine Bahn gebaut werden solle, noch sehr schwankend waren und auseinander gingen, — ich war für den Bau — so war dies auch und mehr noch der Fall bei der Frage über die einzuschlagende Linie der Bahn und darüber, wer die Bahn bauen solle, ob der Staat oder eine Gesellschaft. Ich für meine Person hatte mich für den Bau auf Staatskosten ausgesprochen. Hiergegen wurden aber von Seiten der Regierung wegen der Schwierigkeit der Beschaffung der erforderlichen Geldmittel erhebliche

Bedenken ausgesprochen, jedoch nicht minder auch von ihr, als sich die Gesellschaft erbot, die Geldmittel zu beschaffen, der Art und Weise dieser Beschaffung Schwierigkeiten in den Weg gelegt. Galt es hier meinerseits, zwischen der Regierung und der Gesellschaft den Vermittler zu machen, so war mir auch die Rolle zugetheilt, zwischen den beiden, persönlich gegeneinander gereizten hervorragendsten Männern, welche das Projekt zu fördern berufen waren, zwischen List und Harkort, zu vermitteln. List war gewiß ein ganz genialer Mensch, aber ein grober und im Umgange anmaßend auftretender und eigenwilliger Herr, mit dem sich schwer auskommen ließ, was denn auch später, zumal sich von seiner Seite Eigennutz bemerkbar machte, zur Folge hatte, daß man ihn, obwohl ihm die Ehre, zuerst Anregung zum Bau der Leipzig-Dresdner Eisenbahn gegeben zu haben, allseitig und stets willig zuerkannt wurde, doch in weiterer Verfolgung des Projektes außer acht ließ, und die eigentlich alleinige Leitung des Unternehmens der thatkräftige und umsichtige Harkort in die Hand erhielt. Ihm und dem Minister von Carlowitz ist es zu danken, daß endlich das Unternehmen auf Kosten der Gesellschaft zu Stande kam. Der Minister v. Carlowitz hatte freilich im Gesammtministerium und namentlich gegen den Minister v. Zeschau — welcher der Ansicht über die außerordentliche Wichtigkeit des neuen Verkehrsmittels, der Eisenbahn, nicht beipflichten konnte, und die Verwendung außergewöhnlich großer Summen für die Eisenbahn für ein Unglück des Staates erklären zu müssen glaubte, am allerwenigsten aber seine Zustimmung dazu geben mochte, daß eine Summe von 500,000 Thalern zinslos der Gesellschaft dargeliehen oder anderenfalls derselben gestattet würde, Papiere von dieser Höhe auszugeben — heftig zu kämpfen; seiner Entschiedenheit und wahrhaft staatsmännischen Umsicht gelang es indessen, bei der Regierung im Interesse der Eisenbahn-Gesellschaft durchzudringen und die an sich zwar bedenkliche Ausgabe von Papiergeld von Seiten einer Privatgesellschaft als unter solchen Umständen durchaus gerechtfertigt nachzuweisen. Von meiner Seite ist diesem Gesellschafts-Unternehmen die wohlwollendste Theilnahme und bereitwilligste Fürsorge stets zugewendet geblieben, was auch, wie ich mich freue sagen zu können, von Seiten der Gesellschaft die freundlichste und ehrenvollste Anerkennung gefunden hat.*)

Von dem günstigen Einflusse, den die Leipzig-Dresdner Eisenbahn für das Wohl des Landes gehabt hat, kann und will ich hier nicht weiter sprechen, nur das Eine möchte ich nicht ganz mit Stillschweigen übergehen, daß der Bau der Leipzig-Dresdner Eisenbahn bei dem Publikum ein besseres Verständniß des Eisenbahnwesens zur Folge gehabt hat. Dies sollte mir namentlich bei den nächsten Verhandlungen über den Bau einer Eisenbahn nach Bayern hin ersichtlich werden. Denn kraft meines Amtes als Regierungs-Kommissar für die Leipzig-Dresdner Eisenbahn, hatte ich mich auch mit dem von einem Vereine Leipziger Kaufleute inzwischen angeregten Projekte einer Eisenbahnverbindung zwischen Leipzig und Hof zu beschäftigen. Auch hier waren der Schwierigkeiten, welche überwunden werden mußten, ehe es von der Frage über die einzuschlagende Baulinie und darüber, ob der Staat oder eine Gesellschaft bauen solle, bis zum Baue selbst kam, sehr viele; aber das nunmehr herrschende bessere Verständniß für das Eisenbahnwesen kam dabei gut zu statten, die Schwierig-

---

*) In der oben S. 49 angeführten Schrift zum fünfundzwanzigjährigen Jubiläum der Leipzig-Dresdner Eisenbahn ist S. 123—24 Folgendes mitgetheilt: „Der Kreisdirektor Dr. v. Falkenstein, im Jahre 1844 als Minister des Innern nach Dresden berufen, verließ Leipzig und schied somit auch aus seiner Stellung als Regierungs-Kommissar bei der Leipzig-Dresdner Eisenbahn Compagnie. Um hierbei der Anerkennung seiner Verdienste um die Compagnie Ausdruck zu geben, geleitete ihn Direktorium und Gesellschaftsausschuß mittels besonderen Extrazuges am 30. August 1844 nach Dresden."

keiten schneller zu beseitigen. Natürlich kam bei einem etwaigen Baue hauptsächlich auch das mit in Frage, ob Bayern sich geneigt zeigen werde, im Anschlusse an eine Leipzig-Hofer Eisenbahn weiter fortzubauen, weil zu fürchten war, daß, falls ein solcher Weiterbau unterbleiben sollte, die in Aussicht genommenen Vortheile einer Leipzig-Hofer Eisenbahn wesentlich geschädigt werden würden. Es galt daher, in dieser Beziehung in Bayern eine Anfrage zu stellen. Der König Ludwig von Bayern zeigte sich geneigt, für den Fall des Baues einer Bahn von Leipzig nach Hof, einem Actienverein zum Weiterbau einer Bahn von Hof nach Nürnberg Konzession ertheilen zu wollen, vorausgesetzt, daß die vorerst noch anzustellenden Erörterungen über die Frage, ob das gebirgige Terrain dem Bahnbaue keine unüberwindlichen Schwierigkeiten in den Weg stelle, zu einem günstigen Resultate führen sollten. Von Bayerischer Seite wurden diese Erörterungen durch den berühmten und zudem vom König Ludwig hochgeschätzten Klenze, sowie von Sächsischer Seite durch den Wasserbaudirektor Kunz unter meiner und, da Altenburger Gebiet von der Bahnlinie mit berührt werden sollte, des Altenburger Regierungs-Präsidenten Freiherrn v. Seckendorf Leitung angestellt: im ganzen lieferten sie kein ungünstiges Resultat und zeigten, daß die fragliche Eisenbahnverbindung jedenfalls ausführbar sei. Gleichwohl kam es aber damals, da die zu überwindenden technischen Schwierigkeiten doch sehr groß zu sein schienen, noch zu keiner eigentlichen Einigung. Inmittelst waren andere auf eine Eisenbahnverbindung mit Bayern hinzielende Projekte aufgetaucht, welche der Ausführung des Planes der Leipzig-Hofer Eisenbahn gefährlich zu werden drohten. In Folge dessen glaubte die Regierung, die Verhandlungen mit Bayern möglichst rasch betreiben zu müssen, um bald zu einem definitiven Abschlusse zu kommen, und beauftragte mich deßhalb, nach Bayern zu gehen, damit ich mit dem König Ludwig und den sonst in Bayern maßgebenden

Personen mündlich Rücksprache nehmen und auf diese Weise eine Einigung zu Stande bringe, die schleunigst geprüft, resp. genehmigt werden solle. In Begleitung der beiden schon genannten Herren, des Regierungs=Präsidenten Freiherrn v. Seckendorf und Wasserbaudirektors Kunz, reiste ich nach München, wo ich indessen, schon nach den ersten Besprechungen mit den Ministern v. Giese und v. Abel über Richtung und Ausführung der Bahn, sowie über die Frage, ob die Bahn auf Staatskosten oder aus den Mitteln einer Privatgesellschaft gebaut werden solle, ersehen konnte, daß ich auf diesem Wege kaum zu einem baldigen sowohl als insbesondere zufrieden= stellenden Resultate zu kommen hoffen durfte. Ich zog daher vor, mit dem König Ludwig persönlich weiter zu verhandeln und begab mich zu diesem Zwecke nach dem Bade Brückenau, wo sich der König damals aufhielt. Dort war ich bei weitem glücklicher als in München: ich fand von Seiten des Königs eine sehr gnädige und meinem Auftrage entgegenkommende Aufnahme.

Unvergeßlich bleibt mir mein Zusammentreffen mit König Ludwig, in dem ich, wie auch bei einem späteren Besuche in München, einen, wennschon vielfach verkannten, doch ausge= zeichneten Fürsten näher kennen zu lernen Gelegenheit hatte. Allerdings war er voller Eigenthümlichkeiten, die ohne Zweifel zu so manchem unrichtigen Urtheile über ihn Veranlassung ge= geben haben mögen, aber er war unstreitig ein bedeutender Mensch mit selbständigen und oft sogar großartigen Ansichten; und wenn man sich auch, zumal vom konstitutionellen Stand= punkte aus, nicht überall mit seinen finanziellen Anschauungen einverstanden erklären konnte, so mußte man doch zugeben, daß er sein Land von Grund aus kannte und daß ihm dessen Wohl ernstlich am Herzen lag. Gegen seine damaligen Minister war er etwas schroff — er nannte sie seine Sekretaire und nahm nirgends Anstand, sich über sie und ihre Stellung ungeschminkt auszusprechen — wozu sie aber freilich auch selbst vielfachen Anlaß geboten haben mochten. Höchst sonderbar fand ich anfangs die Art und Weise von des Königs Unterhaltung mit mir: mitten in der Unterhaltung sah ich den König plötzlich durch die offen stehende Thüre in ein Nebenzimmer verschwinden, dann wiederkommen und die Unterhaltung fortsetzen und dann abermals verschwinden; hätte mich nicht der Minister v. Lindenau bei meiner Abreise aus Sachsen im voraus darauf aufmerksam gemacht gehabt, daß diese Art und Weise eine Gewohnheit des Königs sei, so würde mich das Verschwinden desselben in Verlegenheit gesetzt haben, weil ich möglicher Weise hätte annehmen müssen, das Verschwinden sei ein Wink zur Verabschiedung. Bei meiner Unterhaltung mit dem Könige und dem günstigen Erfolge derselben kam mir der Umstand sehr zu statten, daß mich der König — vielleicht mit aus dem Grunde, weil mein Onkel in Bayern angestellt war — für einen Franken hielt und, trotz meiner lebhaften Versicherung, daß ich ein guter und echter Sachse sei, doch von dieser seiner Meinung nicht abgehen wollte und fortdauernd behauptete, den Franken an meiner Sprache zu erkennen. Das Zustandekommen der für Sachsen so außerordentlich wichtigen Sächsisch-Bayerischen Bahn ist dem entschiedenen Eingreifen des Königs Ludwig zu verdanken; das mir von demselben damals, 1842, in Brückenau gegebene Versprechen, daß von Bayerischer Seite die Leipzig-Hofer Bahn weitergeführt werden solle, konnte zwar erst später nach Beseitigung von allerlei inzwischen noch eingetretenen Hindernissen zur Ausführung kommen, aber es kam doch endlich zur Ausführung, und ich hatte noch die Ehre und das Vergnügen, vom König Ludwig ein eigenhändiges Schreiben zu erhalten, worin er anzeigte, daß er die mir damals in Brückenau gegebene Zusage treulich erfüllt habe.

Die Ausführung der Leipzig-Hofer Bahn hat mir, ich gestehe es gern, viel Freude gemacht, aber auch, und dies mag ich ebenso wenig verschweigen, viel Sorge und theilweise großen Kummer bereitet. Mit außerordentlichem Eifer und unter Mühen aller Art hatte ein Privatkomité den Bau der Bahn in die Hand genommen und betrieben — bis zu dem Punkte der Göltzschthalüberbrückung: hier waren jedoch dem Weiterbau so große und die Privatmittel übersteigende Schwierigkeiten entgegen getreten, daß die Fortführung der Bahn von dem Staate übernommen werden mußte. Hiervon war die natürliche Folge, daß schließlich die gesammte Bahn in den Besitz des Staates überging; um diesen Uebergang in der möglich leichtesten und schnellsten Weise herbeizuführen, hat man freilich auch zu Mitteln gegriffen, die ich nicht überall für gerechtfertigt erklären konnte, noch mochte, und es ist mir daher auch sehr schmerzlich gewesen, späterhin Vorwürfe darüber anhören zu müssen, die ich für meine Person keineswegs verdient hatte. So war meine Lage als Vorstand des Ministeriums des Innern, welches ich im Jahre 1844 übernommen hatte, den Ständen auf dem Landtage 1845—46 gegenüber,*) wo gegen mich in Betreff des Baues der Bahn die heftigsten Angriffe gerichtet wurden, eine sehr unangenehme, und zwar um so unangenehmere, als ich mich gleich von Anfang an ausdrücklich für den Bau der Bahn auf Staatskosten erklärt hatte, und nun hören mußte, daß alles das verdächtigt und herabgesetzt wurde, was der Privatkomité unter Kampf mit vielen Schwierigkeiten, die bei einem Staatsbau theilweise oder ganz in Wegfall gekommen sein würden, redlich gethan hatte. Dies verletzte mein Rechtsgefühl. Die Angriffe in den Kammern galten hauptsächlich dem Bau des Leipziger Bahnhofes, der als viel zu luxuriös angelegt bezeichnet und getadelt wurde,

---

*) S. „Mittheilungen über die Verhandlungen des Landtages im Königreiche Sachsen während des Jahres 1846. Erste Kammer Bd. III. Nr. 73 f. S. 1730 f. und Zweite Kammer. Bd. III. Nr. 89 f. S. 2417 f."

sowie dem angeblich sehr leichtsinnigen Projekte der Göltzschthal-Ueberbrückung. Was das letztere anlangt, so traute man den Verdächtigungen von Leuten, die, weil sie in der Nähe der Bahnlinie ihren Wohnsitz hatten, deßhalb auch die örtlichen Verhältnisse genau zu kennen behaupteten, mehr als den ministeriellen Versicherungen, daß man mit allen den Vorwürfen der Wahrheit geradezu in das Gesicht schlage. Die Folge hat dies glänzend erwiesen; denn die Göltzschthalbrücke ist, in Uebereinstimmung mit dem vom berühmten Ingenieur Negrelli abgeforderten Obergutachten, genau so ausgeführt worden, wie sie angeblich in sehr ‚leichtsinniger' Weise projektirt gewesen war, und der als zu luxuriös und großartig angefeindete Leipziger Bahnhof hat bald, weil er sich als viel zu klein erwies, um das doppelte vergrößert werden müssen.

Neben den Geschäften, die sich zunächst und hauptsächlich darauf richteten, die neue Justiz- und Verwaltungs-Organisation im Kreisdirektions-Bezirke heimisch und den Leuten geläufig und lieb zu machen — was mir in den Städten, mit denen ich größtentheils bekannt war, schneller und leichter gelang, als bei den zäher am alten Schlendrian hängenden Landbewohnern — war mir als Kreisdirektor besonders auch die Aufgabe gestellt, das Schulwesen nach Maßgabe des trefflichen Schulgesetzes vom Jahre 1835 zu reorganisiren. Mit großer Freudigkeit unterzog ich mich dieser gewiß sehr segensreichen Aufgabe, und hatte die Genugthuung, meine Bemühungen mit günstigem Erfolge belohnt und in verhältnißmäßig kurzer Zeit das Schulwesen, ohne daß es nothwendig gewesen wäre, die Schule von der Kirche zu trennen und den Gemeinden irgendwie neue und drückende Lasten aufzuerlegen, nach Maßgabe des Gesetzes reorganisirt zu sehen. Ich erinnere mich noch gern an meine damaligen Reisen, die ich in Gemeinschaft mit dem trefflichen Kirchen- und Schulrath Dr. Meißner im Leipziger Kreise zum Zwecke der Revision der Schulen unternahm, und möchte nur wünschen, daß so mancher unserer jetzigen Schulinspektoren der Revision durch Meißner hätte beiwohnen und den Ernst und Eifer, sowie richtigen Takt desselben dabei beobachten können. In mehren Gegenden des Landes waren damals die Schulen sowohl als Lehrer, wie überhaupt das Schulwesen, wohl etwas primitiver Art: anständige Schulhäuser und tüchtig gebildete Lehrer fehlten nur zu häufig. Wie in den Gerichts- und städtischen Verwaltungen, so war auch im Schulwesen seither ein gewisses patriarchalisches Verhältniß vorwaltend gewesen, welches neben manchem Guten allerdings auch große Schattenseiten hatte, die sich indessen, ohne daß es sich nöthig gemacht hätte, gleich alles Bestehende umzustürzen, mit Hilfe der durch die Städte- und Landgemeinde-Ordnungen, sowie des schon genannten Schulgesetzes dargebotenen Mittel ganz gut beseitigen ließen. Wenn auch die Reorganisation und Hebung des Schulwesens damals gewiß schwieriger war als später, weil man, abgesehen davon, daß das Elementarschulwesen überhaupt auf einer niedrigeren Stufe stand, zur Verbesserung der Schulen nicht Hunderttausende zu verausgaben hatte, so wirkte doch dabei der Umstand sehr günstig, daß Kirche und Schule und Gemeinden gemeinsam und friedlich Hand in Hand gingen. Jetzt ist die Verbesserung der Schule gewiß und bei weitem leichter, weil man nur auf dem durch das treffliche Schulgesetz vom Jahre 1835 gelegten guten Grunde fortzubauen braucht, und die inmittelst zweckmäßig organisirten Seminare in der Lage sind, ein tüchtiges Lehrpersonal zu stellen, dessen Ansprüche sich freilich aber auch seit dem Revolutionsjahre 1848—49 — in dem sich, um dies beiläufig mit zu bemerken, leider eine Anzahl Lehrer nicht eben von der rühmlichsten Seite gezeigt haben — theils allerdings in Folge der veränderten Zeitverhältnisse, theils und vorzüglich jedoch aus Anlaß der allzu zuvorkommenden ständischen Bewilligungen jener Zeit bedeutend, ja zum Theil über Gebühr gesteigert haben. Im allgemeinen theile ich in jeder Hinsicht die Anerkennung, die unserem gegenwärtigen verbesserten Schulwesen allerwärts und mit Recht gezollt wird, aber im einzelnen möchte ich mich nicht mit allem und jedem einverstanden erklären. So ist es mir z. B. sehr fraglich, ob die Kinder durch alles das, was ihnen jetzt in der Schule geboten wird, zumal das religiöse Element mehr zur Seite geschoben ist, besser werden und ob sie nicht so manches erlernen müssen, was sie späterhin nicht brauchen können. Nicht einverstanden bin ich damit, daß die Gemeinden mittelbar und unmittelbar dazu angehalten werden, Schulhäuser zu bauen, die über die eigentlichen Grenzen der Zweckmäßigkeit hinausgehen, und deren Bau nicht nur die Mittel der Gemeinden oft übermäßig in Anspruch nimmt, sondern auch manchen Uebelstand in Gefolge hat. Wenn ich willig zugebe, daß in den Schulen für gute Luft unter allen Umständen gesorgt werden muß, so finde ich Bestimmungen darüber, welche, ungeschickt ausgeführt, blos Kosten verursachen, aber sonst keinen Nutzen haben. Am allerwenigsten bin ich damit einverstanden, daß man des Segens jenes trefflichen Schulgesetzes, durch welches der verbesserte Zustand des jetzigen Schulwesens erst möglich geworden ist, sowie aber auch der gar nicht unbedeutenden Schwierigkeiten, die mit seiner Einführung damals verbunden gewesen sind, nur zu häufig zu vergessen scheint. Denn waren damals einestheils die in Folge des neuen Gesetzes erforderlichen Aus- und Einschulungen und die allmählige Entfernung unfähiger Lehrer mit Schwierigkeiten verknüpft, so war es anderentheils schwierig, das Gesetz in Ansehung seiner neuen Bestimmungen den Gemeinden klar zu machen, und deren Abneigung, für die Schulen irgendwie erhebliche Opfer zu bringen — die sich freilich nöthig machten, weil, während sich das jetzige Schulwesen von ständischer Seite großartiger Bewilligungen zu erfreuen hat, in jener Zeit die Forderung von nur ein paar tausend Thalern für Schulzwecke schon zu sehr ernster ständischer Erwägung Anlaß gab — zu beseitigen. Dazu kam, daß die Behörde, welche das neue Gesetz einzuführen und bei den Gemeinden heimisch zu machen die Aufgabe hatte, selbst noch zu neu war, als daß sie derselben mit dem nöthigen Vertrauen gleich entgegen gekommen wären. Dieses Vertrauen mußte sich die Kreisdirektion erst zu verschaffen suchen, wozu allerdings große Geduld gehörte. Und an Geduld habe ich es wahrlich nicht fehlen lassen, habe aber auch die Freude gehabt, zu sehen, daß sich nach und nach das Vertrauen der Gemeinden befestigte und namentlich durch persönliches Eingreifen von meiner und meiner Räthe Seite auf Reisen im Kreisbezirke das Band zwischen Behörde und Gemeinden enger geknüpft wurde. Schließlich verging fast keine Woche, in der nicht einzelne Personen sowohl als Deputationen vertrauensvoll zu mir kamen, um sich mündlich guten Rath zu erbitten.

Leichter war meine Aufgabe der Universität gegenüber, der ich als Regierungs-Bevollmächtigter meine Fürsorge zu widmen hatte. Ich rechne meine Stellung zur Universität mit zu dem Glücklichsten, was ich damals in Leipzig erlebt habe; mein Verhältniß zur Universität als solcher sowohl als zu der Mehrzahl der Professoren gestaltete sich äußerst erfreulich, und ich darf wohl behaupten, daß mir von denselben bald unbedingtes Vertrauen geschenkt, und in Folge dessen die von mir geäußerten Wünsche, auch wenn sie den bisher gangbaren Anschauungen zuwiderliefen, doch nicht leicht abgeschlagen wurden. Bei diesem guten und erfreulichen Verhältnisse unterstützte mich außer persönlichen Beziehungen, der Umstand, daß ich selbst früher als Privatdozent an der Universität gewirkt und bei dieser Gelegenheit und im Umgange mit Universitäts-Beamten und Professoren die Einrichtungen, Anschauungen und Eigenthümlichkeiten des akademischen Lehrkörpers von der guten sowie auch schwachen Seite kennen und, da ich, als der eigentlichen Professoren-Korporation nicht angehörig, von den engherzigen Anschauungen der Fakultäten nicht mit befangen worden war, unparteiisch zu würdigen gelernt hatte. Man wußte dies und fühlte, daß ich die Schwächen kannte und da, wo es ohne Nachtheil für das Ganze geschehen konnte, gern schonte; um so nachdrücklicher und mit gutem Erfolge durfte ich aber auch deßhalb da, wo ich eine solche Schonung nicht für angemessen hielt, gegen dergleichen Schwächen auftreten. Wenn sich auch in solchen Fällen der eine und der andere der Professoren verletzt fühlte, so machte sich doch in der Professoren-Korporation überhaupt die Ueberzeugung, daß ich es dabei mit der Universität gut und redlich meine, unverholen geltend. Freilich hatte meine Stellung bei der Universität auch ihre Schattenseiten, wie sich dies bei der Berufung eines der bekannten Sieben Göttinger Professoren deutlich zeigte. Ich war der Ansicht, daß Wissenschaft Hauptsache für die Universität sei und dieselbe mit Politik nichts zu thun habe, und glaubte daher die Gelegenheit der Entlassung dieser Göttinger Sieben im wahren Interesse der Leipziger Universität benutzen zu sollen, um einige dieser bedeutenden Kräfte zu gewinnen. Denn wenn ich auch die Form des Auftretens der Göttinger Sieben, in deren Folge sie ihre Entlassung erhielten, mißbilligen mußte, so konnte ich doch das beispiellose Verfahren des Königs von Hannover ebenso wenig billigen, und mochte weder in dem Auftreten der Göttinger Sieben, noch in deren politischen Ansichten einen Grund finden, die große und unbestrittene wissenschaftliche Bedeutung dieser Gelehrten für Leipzig, soviel wie thunlich, nicht zu verwerthen. Bekanntlich gelang es mir, den berühmten Albrecht für Leipzig zu gewinnen. Dahlmann kam zwar auch nach Leipzig, mochte sich aber nicht dazu entschließen, zunächst als Privatdozent Collegia zu lesen, und ging dann fort nach Jena. Und die Gebrüder Grimm, beides politisch durchaus schuldlose Männer, die ich ebenfalls gern für Leipzig gewonnen hätte, zogen es vor, einen von ihnen selbst gewünschten Ruf nach Berlin anzunehmen. Auch gut! denn die Berufung Albrecht's allein schon hat mir große Unannehmlichkeit verursacht: ich fand in Dresden heftigen Widerstand dagegen, sah mich in Folge davon, daß man mir wegen Albrecht's Berufung in Leipzig einen Fackelzug gebracht, und mich als Kämpfer für Recht und Freiheit gepriesen hatte, verdächtigt und angefeindet und erhielt eine ernste Rüge — ich glaube die einzige, die ich überhaupt im langen Laufe meines öffentlichen Wirkens erhalten habe. Indessen, Albrecht wurde für Leipzig erhalten, und wie segensreich dies gewesen ist, hat der Erfolg gelehrt.

Das, was v. Friesen über jene Zeit in seinen „Erinnerungen" schreibt,*) möchte ich nicht als überall zutreffend und

---

*) S. „Erinnerungen aus meinem Leben. Von Richard Freiherrn von Friesen, Königl. Sächsischem Staatsminister a. D. Bd. I. Dresden, Baensch. 1880. 8° S. 39": So lagen die inneren Verhältnisse Sachsens, als im Jahre 1837 der König Ernst August von Hannover die Verfassung, die sein Vorgänger wenige Jahre vorher dem Lande gegeben hatte, durch einen Machtspruch aufhob und die bekannten sieben Göttinger Professoren, ihres dagegen erhobenen Protestes wegen, von ihren Aemtern absetzte. Die bei dem Bundestage gegen das Verfahren des Königs von Hannover erhobenen Beschwerden wurden auf Verlangen von Oesterreich und Preußen gegen eine ziemlich starke Minorität, unter welcher sich auch die Sächsische Regierung befand, zurückgewiesen. Doch deutete der Minister v. Zeschau auf die Sächsische Abstimmung im Bundestage in der Zweiten Kammer der Sächsischen Ständeversammlung sehr deutlich hin; auch wurden von den entlassenen Göttinger Professoren sofort drei, Albrecht und die beiden Weber, in Leipzig angestellt, was im ganzen Lande mit Freuden begrüßt und dankbar aufgenommen wurde. Diese Abstimmung Sachsens und seine ganze Haltung bei Gelegenheit der Hannoverschen Verfassungs-Aenderung gereicht dem damaligen Sächsischen Ministerium und namentlich dem Minister v. Zeschau um so mehr zur Ehre, als Sachsen sich dadurch in den entschiedensten Widerspruch zu den Ansichten der Regierungen von Oesterreich und Preußen setzte.

richtig anerkennen, wie denn überhaupt v. Friesen auch nicht eigentlich von „Erinnerungen" darüber sprechen kann, weil er sich damals noch in untergeordneter Stellung befunden und mit der Sache gar nichts zu thun gehabt hat. Der Minister v. Zeschau, ein Freund Metternich'scher Anschauungen, war in seinem Innersten mehr für, als gegen das Verfahren des Königs von Hannover gestimmt, und mochte in Rücksicht auf die Grundsätze, von welchen sich die Göttinger Professoren bei ihrem Proteste hatten leiten lassen, und von denen er — vielleicht nicht ganz ohne Grund — fürchtete, daß sie zu bedenklichen Folgerungen führen könnten, weder die Aufnahme des einen oder des anderen dieser Professoren in Leipzig für wünschenswerth halten, noch überhaupt zugeben, daß eine solche Aufnahme für die Universität von Wichtigkeit sei. Der Kultusminister v. Carlowitz war der einzige, der sich nur mit Widerstreben der offiziellen Mißbilligung der Berufung Albrecht's angeschlossen hatte; in einem sehr liebenswürdigen Privatschreiben sprach er mir darüber, daß ich einen so ausgezeichneten Mann wie Albrecht für Leipzig gewonnen habe, unverholen seine Freude aus, und mahnte mich nur zur Vorsicht, ja nichts weiter zu thun, was irgendwie Reklamationen herbeiführen könne. Daß man übrigens im Ministerium überhaupt der Berufung eines der Göttinger Sieben nicht so ganz entschieden abgeneigt war, als wie es den Anschein hatte, ging daraus hervor, daß der Minister v. Lindenau selbst mittelbar darauf hinzuwirken suchte, Dahlmann für die Leipziger Universität zu gewinnen: daß dies nicht glückte, daran trägt Dahlmann's Hartköpfigkeit und Eitelkeit einzig und allein die Schuld.

In der Kreisdirektion, um nochmals auf diese zurückzukommen, entwickelte sich, nachdem ich den Geschäftsgang geregelt und meine Mitarbeiter näher kennen gelernt hatte, ein reges und gedeihliches Leben, und ich scheue mich nicht zu sagen,

daß, wenn dies in der nämlichen Weise überall in den Kreis=
direktionen der Fall und ebenso, wie es in Leipzig geschah, die
Chefs und deren Räthe bemüht gewesen wären, die Zustände
des Kreises durch eigene Anschauung von Grund aus kennen
zu lernen und sich das Vertrauen der Pflegebefohlenen zu
verschaffen, wahrscheinlich Niemand sobald an eine durchgreifende
Reform dieser Institute gedacht haben würde. Aber die in
Folge der Schlaffheit und Unregelmäßigkeit, die im Geschäfts=
gange einiger Kreisdirektionen wahrzunehmen waren, sich bald
lauter und lauter kundgebenden Klagen und Beschwerden über
das Institut der Kreisdirektionen konnte schließlich nicht mehr
überhört werden und mußten eine Reform derselben unter allen
Umständen unvermeidlich machen.

Im Jahre 1844 wurde ich von Leipzig nach Dresden ab=
berufen und zum Minister des Innern ernannt. Obwohl ich
die mir durch diese Ernennung zu Theil gewordene Auszeich=
nung ganz und voll zu würdigen und zu schätzen verstand,
wurde mir doch der Abschied von Leipzig ziemlich schwer, hatte
ich mich ja dort trotz vieler Arbeit und so manchen Anfech=
tungen sehr wohl gefühlt und von Aufmerksamkeiten aller Art
— man hatte mich zum Doctor philosophiae sowohl als
Doctor juris honoris causa creirt und mir das Ehrenbürger=
recht der Stadt Leipzig zuertheilt — ausgezeichnet gesehen.
In letzterer Hinsicht ging man sogar so weit, daß ich bei meiner
Uebersiedelung nach Dresden von dem Direktorium und dem
Gesellschaftsausschusse feierlich mittels besonderen Extrazuges
zur Residenz geführt wurde.*) Diese außergewöhnliche Ankunft
sowohl als die mir überhaupt erwiesene Anerkennung erregte
zwar in gewissen Dresdner Kreisen, zumal bei dem mir ohne=
hin von der Sächsisch=Bayerischen Eisenbahnangelegenheit und
der Berufung Albrecht's her nicht eben sehr gewogenen Minister

---

*) S. oben die Anmerkung S. 54.

v. Zeschau, einige Verstimmung — denn man hielt Leipzig für sehr liberal und, da ich in dieser liberalen Stadt so große Anerkennung gefunden hatte, natürlich auch mich — gleichwohl nahm man mich in Dresden im ganzen mit vieler Herzlichkeit auf, und selbst der Minister v. Zeschau wurde nach und nach gegen mich freundlicher gestimmt. Im Ministerium ging anfangs auch alles gut und zu meiner Zufriedenheit: die Sachkenntniß, die ich mitbrachte, und eine gewisse mir eigene Frische und Lebendigkeit in der Behandlung der Geschäfte gewannen meine Räthe, insbesondere den genialen Geh. Regierungsrath Dr. Schaarschmidt, selbst den etwas trockenen Geheimrath Dr. Günther für mich. Aber bald nahmen mich Geschäfte in Anspruch, die mir viele Mühe und Sorge machten, wie der große Brand in Plauen im Jahre 1844, die furchtbare Wasserkalamität im Frühjahre 1845, die Grenzregulirung mit Oesterreich in der Oberlausitz, die projektirte Gesetzgebung über Maß und Gewicht, die verschiedenen Ablösungen und Zusammenlegungs-Gesetze, die immer lauter und heftiger hervortretenden Klagen und Beschwerden über die Censur, sowie außer anderen noch die große Theuerung im Jahre 1846/47, bis endlich das unheilsvolle Jahr 1848, wie man zu sagen pflegt, dem Fasse den Boden ausstieß.

Die Theuerungsfrage hat mir die größte Sorge gemacht, aber deren glückliche und zufriedenstellende Lösung auch, zumal man anfänglich gegen das von mir dazu eingeschlagene Verfahren von verschiedenen Seiten Bedenken aussprach, die größte Freude und Genugthuung bereitet. Ich mag und darf nicht verschweigen, daß mir bei der glücklichen Lösung dieser Frage der leider zu früh verstorbene damalige Oekonomierath Reuning, so zu sagen, geistig wie körperlich getreulich zur Seite gestanden ist. Es galt, die Lösung von einem richtigen national-ökonomischen Standpunkte aus zu versuchen. Meiner Ansicht nach durfte man nicht, wie dies in dem Theuerungsjahre 1816/17 geschehen war, bei den wohlhabenden Gemeinden und auf den Rittergütern polizeilich nachspüren lassen, ob und welche Getreidevorräthe dort vorhanden seien, man durfte nicht versuchen, die Getreidepreise herabdrücken zu wollen, und an die damals ergriffenen Maßregeln wieder Hand anlegen; im Gegentheile mußte man meiner besten Ueberzeugung nach vielmehr die Getreidepreise, wenn auch mit Opfern des Staates, für den Augenblick zu steigern suchen, um den Leuten Lust zu machen, Getreide auf den Markt zu bringen, man mußte Konkurrenz schaffen. Meine Bemühungen nach dieser Richtung hin waren bekanntlich von durchaus günstigem Erfolge: die Theuerungszeit ging glücklich vorüber, ohne daß, wie es in dergleichen Fällen sehr häufig geschieht, Unruhen ausgebrochen wären und der Staat einen nur irgend erheblichen Verlust zu beklagen gehabt hätte. Ueber das von mir eingeschlagene Verfahren hat sich der berühmte Nationalökonom Professor Dr. Roscher sehr anerkennend ausgesprochen, und dasselbe für ähnliche Verhältnisse anderen Regierungen als mustergiltig empfohlen.*) Der König war übrigens von dem Erfolge meiner Bemühungen so befriedigt, daß er mir zur Anerkennung eigenhändig das Comthurkreuz seines Civil=Verdienst=Ordens überreichte. Diese Auszeichnung hat mich ebenso, wie im Jahre 1866 die Verleihung des Ordens der Rautenkrone, wahrhaft beglückt, weil ich in

---

*) S. „Ueber Kornhandel und Theuerungspolitik. Von Wilhelm Roscher. III. stark vermehrte und verbesserte Ausgabe. Stuttgart und Tübingen, Cotta. 1852. 8⁰." S. 128 f.: Der Theuerung von 1846/47 gegenüber ist das Verfahren der Königlich Sächsischen Regierung, unter Leitung des damaligen Ministers des Innern v. Falkenstein, ein glänzendes, für alle ähnlichen Verhältnisse nachahmungswürdiges Muster gewesen. Dies verdient um so größeres Lob, je mehr gerade Sachsen, durch seine dichte Population, seine binnenländische Lage, eingeengt zwischen zwei Großmächte, von denen die eine inmitten der höchsten Noth plötzlich die Zufuhr sperrt, hinsichtlich der Versorgung mit Lebensmitteln besondere Schwierigkeiten zu bekämpfen hat ꝛc.

beiden Fällen die Orden nicht als bloße Dekorationen anzusehen brauchte, sondern mir mit gutem Gewissen sagen durfte, daß ich mir diese Auszeichnungen gewissermaßen durch schwere in jenen Zeiten erduldete Leiden und Kämpfe verdient habe.

Der Tod des trefflichen Geh. Regierungsraths v. Weißenbach, der insbesondere bei den Arbeiten über die Maß= und Gewichtssystems=Gesetzgebung seine letzten Kräfte angestrengt hatte, beugte mich tief, zumal ich für den Augenblick schwer einen passenden Ersatz für ihn zu beschaffen wußte. Doch brachte mir der Eintritt des zum Regierungsrath ernannten Freiherrn v. Friesen, mit welchem ich bereits in der Leipziger Kreisdirektion zusammen gearbeitet hatte, und der nun zum Referenten in den sogenannten Gewerbe=Curatelsachen d. h. für Handel, Gewerbe und Fabrikwesen, sowie Landwirthschaft und was damit zusammenhängt, bestimmt war, und namentlich des Dr. Weinlig Hilfe und Unterstützung in den betreffenden Ministerialgeschäften. Mit kühnem Griffe hatte ich mir Weinlig von der Professur aus Erlangen geholt und als Geh. Regierungsrath ins Ministerium genommen. Obwohl Weinlig's Genialität, allerdings nebenbei auch Formlosigkeit, sowie sein Talent in der Behandlung von Handels= und Gewerbesachen bekannt war, so erregte es doch anfänglich ziemliche Verwunderung, daß ich einen Professor ins Ministerium berufen habe, seine Berufung fand Widerspruch, wobei man freilich ganz vergaß, daß Weinlig früher in Leipzig im Fache der Handels= und technischen Sachen viel geleistet, National=Oekonomie, sowie auch Medicin und Chemie studiert hatte und überhaupt ein Mann von seltener Geistesgewandtheit war. Durch den Widerspruch war selbst der König Friedrich August darüber zweifelhaft geworden, ob ich auch in Weinlig den für das Ministerium wirklich passenden Mann gefunden habe; allein nachdem ich Weinlig dem Könige vorgestellt und dieser sich mit ihm wohl über eine Stunde unterhalten hatte, zeigte sich der König sehr erfreut und befriedigt über Weinlig's Berufung und sprach mir dafür ausdrücklich seinen Dank aus. Und von Stunde an — dies ist nun so der Lauf der Welt — war alles, was früher gegen Weinlig gewesen, für ihn.

Das Traurigste, was mich in der Zeit meines Ministeriums nur treffen konnte, waren die bekannten Leipziger Ereignisse im August 1845, das Attentat gegen den Prinzen Johann. Auf Einzelheiten dieser Ereignisse brauche ich nicht weiter einzugehen, weil sich dieselben in der darüber erschienenen ministeriellen Druckschrift und in den Landtags=Acten sowohl, als auch in der in meinem Charakterbilde des Königs Johann abgedruckten eigenen Königlichen Niederschrift ausführlich dargestellt finden,*) wohl aber möchte ich erwähnen, daß sich jene unglückseligen Ereignisse recht gut würden haben vermeiden lassen, wenn ich von der Absicht des Prinzen Johann, zum Zwecke der Inspektion der Kommunalgarde nach Leipzig zu gehen, rechtzeitig benachrichtigt worden wäre. Dem Ministerium des Innern war die in Leipzig damals herrschende schlechte Stimmung wohl bekannt, und es würde daher dasselbe die Reise des Prinzen nach Leipzig unter allen Umständen zu hindern gesucht haben. Mag Hans Blum, der Sohn Robert Blum's, dagegen sagen, was er will, es ist durchaus zweifellos, daß Robert Blum

---

*) S. „Bekanntmachung des Königl. Sächs. Ministeriums des Innern, das Ergebniß der commissarischen Erörterungen über die am 12. August 1845 in Leipzig stattgefundenen Ereignisse betreffend. Nebst Beilagen. Mit höherer Erlaubniß. Nebst einem Situationsplan des Roßplatzes zu Leipzig und dessen Umgebungen. Leipzig, Teubner. (1845.) gr. 12°. 45 S. m. 1 Taf." — „Bericht der von der zweiten Kammer erwählten außerordentlichen Deputation in Betreff der am Abend des 12. August's 1845 in Leipzig Statt gefundenen Ereignisse. Abgedr. in den Landtags=Acten von den Jahren 1845—1846. Beilagen zu den Protokollen der zweiten Kammer (3. Abth.) IV. Sammlung. S. 227—90." — „v. Falkenstein's Charakterbild des Königs Johann v. Sachsen 1878. S. 159—61; Volksausgabe 1879. S. 129—30".

jene Ereignisse eingeleitet hat, um bei dieser Gelegenheit zu prüfen, wie weit sich das Volk zu einer Revolution benutzen lasse. Mein bei den ständischen Verhandlungen über die Leipziger Ereignisse gethaner Ausspruch: "Leipzig werde sich wiederfinden", hat damals in Leipzig gegen mich viel böses Blut gemacht und mir großen Aerger bereitet, allein man hat sich in nicht allzu langer Zeit wiedergefunden und ist zur Einsicht gekommen, daß ich Recht gehabt habe. Mein Ausspruch ist sogar zum Witzworte benutzt worden.

Das Unglücksjahr 1848 war genaht. Glaubte man anfänglich die im Lande sich zeigende revolutionäre Bewegung, weil man deren Tragweite noch nicht kannte, mit geringen Mitteln niederdrücken zu können, so mußte man leider nur zu bald einsehen, daß man sich darüber getäuscht hatte. Hätte man freilich gleich von allem Anfange an den rechten Muth gezeigt und vor allen die Revolution in Leipzig ohne weiteres mit militairischen Mitteln niedergeschlagen, und wäre dann mit freisinnigen Gesetzen hervorgetreten — zunächst mit einem Preßgesetze, weil es sich vorerst um ein solches handelte — so wäre es vielleicht möglich gewesen, die Bewegung zu hemmen und zum Stehen zu bringen; allein die unheilsvolle Sendung des Ministers v. Carlowitz vereitelte alles. Man hatte seither v. Carlowitz für den strengsten Aristokraten gehalten und von ihm ein um so energischeres Auftreten in Leipzig erwartet, aber sein Benehmen bewies im Gegentheile, daß er sich der demokratischen Richtung, die er später in Preußen offen gezeigt hat, schon damals zuneigte. Auch ich hatte anfänglich geglaubt, der Fortbestand des obschon bei dem Volke übel angeschriebenen Ministeriums als solchen werde gleichwohl dadurch gesichert werden können, daß ich als der hauptsächliche Gegenstand der Gehässigkeit und Parteiwuth zurückträte, ich hatte mich in dieser Hinsicht aber ebenfalls getäuscht. Nach langem inneren Kampfe und trotz des entschiedenen Widerspruches von Seiten des

Ministers v. Könneritz hatte ich den König Friedrich August um meine Entlassung aus dem Ministerium ersucht und ihm in einem Schreiben die berechtigten Gründe meines Gesuches auseinandergesetzt, war auch schließlich dazu gelangt, den König, obwohl thränenden Auges, dazu zu bestimmen, in meine Entlassung zu willigen — am 5. März trat ich von meinem Ministerposten zurück — aber was half's! Kurz nach der unglücklichen Sendung v. Carlowitz' nach Leipzig war dessenungeachtet auch das gesammte Ministerium zurückzutreten gezwungen, und nun begann ein unglaublicher Wirrwarr, aus dem endlich ein ebenso geistreicher wie entschiedener Mann, wie der Freiherr v. Beust, durch eine kühne That, die gleich zu Anfang 1848 schon am richtigen Platze gewesen wäre, dem Lande im Mai 1849 heraushalf.

Nach meiner Entlassung zog ich mich, tief betrübt um das Vaterland, auf's Land zurück, um mich, fern von dem Schauplatze der Unruhe, von den aufreibenden Arbeiten, die mich in der letzten Zeit beschäftigt hatten, zu erholen. Ich sah mich zwar auch in der ländlichen Abgeschiedenheit Anfechtungen mancherlei Art von Seiten Aufgeregter ausgesetzt, denen ich jedoch mit Entschiedenheit entgegen zu treten wußte, so daß es zu keinerlei Ausschreitungen kam. Zu meiner Erholung dienten hauptsächlich litterarische Arbeiten, namentlich beschäftigte ich mich mit Recensionen für Gersdorf's „Leipziger Repertorium der deutschen und ausländischen Literatur". Der König hatte auch während meiner Zurückgezogenheit sein Augenmerk auf mich gerichtet behalten: zwei Jahre nach meinem Ausscheiden aus dem Ministerium wurde mir, nachdem die politischen Wogen zur Ruhe gekommen waren, und das Ministerium Beust Festigkeit erlangt hatte, im März 1850 das Präsidium des Landeskonsistoriums übertragen, bis ich im Jahre 1853 unmittelbar durch den König Friedrich August die ehrenvolle Aufforderung erhielt, an die Spitze des Kultus-Ministeriums zu treten.

In der That hätte mir nichts lieberes als das Kultus-Ministerium angeboten werden können, war ich ja in dieser Stellung am besten in der Lage, für Wissenschaft, Kirche und Schule, denen von jeher meine ganz besondere Neigung und Liebe zugehörte, mich nützlich zu machen und möglichst segensreich zu wirken. Vor allen war es die Universität, deren Gedeihen mir hauptsächlich am Herzen lag. Mein unmittelbarer Vorgänger im Kultus-Ministerium Freiherr v. Beust hatte trotz aller seiner Genialität, zumal da er dieses Amt auch verhältnißmäßig nur kurze Zeit inne gehabt, doch nicht verstanden, sich bei dem eigenthümlichen Lehrkörper ein gewisses Vertrauen zu verschaffen, ohne welches keine irgend gedeihliche Wirksamkeit von ministerieller Seite stattfinden konnte. Ich für meine Person war dagegen in dieser Beziehung gleich von Anfang an in einer günstigeren Lage als mein Vorgänger, weil mir nicht nur das früher schon von Seiten der Universität geschenkte Vertrauen erhalten geblieben war, sondern auch aus früher bereits erwähnten Gründen mir mehr, als v. Beust, das erforderliche Verständniß für die eigenthümlichen Verhältnisse der Universität zur Seite stand. Mit Freude hatte ich aus dem Munde meines lieben und freundlichen Königs und Herrn vernommen, daß mir sein ungeschwächtes Vertrauen das Kultus-Ministerium übertrage, ich hatte mir gelobt, diesem Vertrauen durch redlichste Thätigkeit zu entsprechen, und Gott hat mir Kraft gegeben, mein Gelübde treu zu erfüllen, und meine Thätigkeit reichlich gesegnet. Ich halte die Zeit meiner Thätigkeit für die Universität mit für die schönste, jedenfalls theuerste meines ganzen Lebens; getragen von dem Vertrauen der Professoren, von diesen vielleicht sogar dann und wann überschätzt, und begünstigt vom Glücke, habe ich Einrichtungen treffen und Berufungen ausführen können, welche dazu Veranlassung gegeben haben, daß die Zahl der Studierenden zu einer früher kaum glaublichen Höhe herangewachsen ist, und sich die Universität, seither mehr eine Art spezifisch Sächsische, nach meinem Wunsche und Willen zu einer Deutschen erhoben hat.*) Die Universität hat mir für die ihr von meiner Seite stets bewiesene Fürsorge bei Gelegenheit meines fünfzigjährigen Immatrikulations-Jubiläums ihre Dankbarkeit in glänzender Weise durch Beschaffung meiner Büste und Aufstellung derselben in der Universitäts-Aula zu erkennen gegeben. Ich bin mir recht wohl bewußt und ohne alle und jede Mißstimmung auch darauf vorbereitet, daß das Interesse, welches bei der Universität für meine Person und meine Thätigkeit theilweise jetzt noch rege und lebendig ist, mit dem allmähligen Absterben der damaligen Generation sich vermindern und schwinden wird — die Jugend freut sich dessen, was sie findet, ohne sich weiter des Schöpfers zu erinnern, sie begreift kaum, daß es jemals anders hat sein können, wenn nur die dermaligen Verhältnisse glückliche sind und den Zeitanforderungen entsprechen, sie kümmert sich nicht darum, wer diese geschaffen hat, zumal dieses Schaffen überhaupt nicht von einem Einzelnen ausgeht, sondern von dem glücklichen Zusammentreffen verschiedener Umstände bedingt ist — aber ich hoffe, daß auch bei einer neuen Generation eine gewisse Erinnerung an meine Bestrebungen erhalten bleiben wird. Ich für meine Person werde der Universität und ihrem Gedeihen meine regste und herzlichste Theilnahme bis zum letzten Athemzuge erhalten und treu bewahren.

---

*) Mit gerechtem Stolze durfte daher auch v. Falkenstein den König Johann bei einem eingehenderen Besuche und Besichtigung der Universität im August 1857 begleiten und demselben die getroffenen Einrichtungen als Schöpfungen seines Ministeriums zeigen. Hierüber vergl. die vom Professor Dr. Friedrich Bülau auf ministerielle Veranlassung verfaßte Schrift: „Sr. Majestät des Königs Johann von Sachsen Besuch der Universität Leipzig am 4., 5. und 6. August 1857. Nebst einer Darstellung der Anstalten und Sammlungen der Universität. Nach amtlichen Quellen bearbeitet. Leipzig, Hirschfeld. 1858. gr. 8°. IV, 132 S."

Noch Mancherlei, was auch für so Manchen einiges Interesse haben dürfte, könnte ich hier in Bezug auf die Universität erwähnen, ich möchte aber jetzt zum Schlusse eilen, und behalte mir vor, dasselbe später nachzuholen, falls mir Gott Leben und Gesundheit schenkt und dazu Zeit läßt. In dieser Hoffnung will ich mich auch in Bezug auf die Thätigkeit, durch welche ich meine ernste Fürsorge für die Kirche zu zeigen stets bemüht gewesen bin, jetzt nur ganz kurz fassen, und blos, der von mir getroffenen Einführung der Katechismus-Examina und der Kirchenvisitationen, sowie insbesondere der Herstellung einer Kirchenvorstands- und Synodalordnung Erwähnung thun.*) Zweifellos haben die Katechismus-Examina und Kirchenvisitationen bei allen ihren Mängeln wesentlich dazu beigetragen, den kirchlichen Sinn zu erhalten, neu zu beleben und zu fördern. Und was die Kirchenvorstands- und Synodalordnung anlangt, so freue ich mich, sagen zu können, daß durch diese, wenn ich mich auch nicht mit mancher späteren Einrichtung einverstanden erklären möchte, und namentlich der Kirche größere Rechte auf die Schule vorzubehalten gewünscht hätte, doch der eigentliche von mir gefaßte Plan, der Kirche eine selbständige Stellung zu geben, die kirchlichen Fragen den ständischen Verhandlungen möglichst zu entziehen und eine wirklich geistliche Behörde an die Spitze der Kirche zu stellen, zur Ausführung gekommen ist. Alle die Sorgen und Mühen, die ich bei der Verfolgung meines Planes gehabt, all' der Aerger, den ich dabei erduldet, die geistige sowohl als körperliche Anstrengung, die es mir gekostet, um die Schwierigkeiten — deren Größe nur, wer selbst bei den

---

*) S. „Die Leitung der sächsischen evangelisch-lutherischen Landeskirche innerhalb der jüngsten Epoche. Ein Stück sächsischer Kirchengeschichte mit urkundlicher Nachweisung von A. J. Kunze. Leipzig, Fleischer. 1870. gr. 8°. VII, 170 S." wovon 166—69 die dankbare Aussprache der Sächsischen Landesgeistlichkeit in Betreff der Fürsorge v. Falkenstein's für die Kirche und v. Falkenstein's Antwort darauf enthalten.

Vorarbeiten zur Ausführung meines Planes mit thätig gewesen, ganz und voll zu würdigen im Stande ist — mit Aufwand äußerster Geduld zu überwinden — alles das ist jetzt vergessen und verschmerzt über der Freude, mein Werk im wesentlichen gelungen und als solches auch anerkannt zu sehen.

So wäre ich denn eigentlich nahe am Ende. Denn nach langem und schwerem innerem Kampfe, aber von der Ueberzeugung durchdrungen, daß in jetziger Zeit eine volle jugendliche und frische Kraft dazu gehöre, um den an einen Kultusminister zu stellenden Anforderungen zu entsprechen, und in Rücksicht auf mein hohes Alter, kam ich zu dem Entschlusse, von dem Amte des Kultusministers und damit zugleich von dem eines Vorsitzenden des Gesammtministeriums, mit welchem ich seit v. Beust's Abgange betraut gewesen war, zurückzutreten. Demzufolge bat ich den König Johann um die Mitte des Jahres 1871 um meine Entlassung;*) ungern zwar und

---

*) S. „Der König Johann von Sachsen und sein Hausminister Freiherr v. Falkenstein. Von J. Petzholdt. Enth. in der Wissenschaftlichen Beilage der Leipziger Zeitung 1880. Nr. 98. S. 581—83". Das hier abgedruckte Entlassungsgesuch v. Falkenstein's lautet: Ew. Königlichen Majestät habe ich nach manchen inneren Kämpfen und nach pflichtmäßiger Selbstprüfung das schon vor einigen Wochen mündlich angedeutete allerunterthänigste Gesuch zu allerhöchster Entscheidung zu unterbreiten, mich von dem mir huldreichst übertragenen Amte eines vorsitzenden Staatsministers und Ministers des Kultus und des öffentlichen Unterrichts gnädigst entbinden zu wollen. Wie schwer mir diese ehrfurchtsvolle Bitte wird, nachdem ich seit 1824 zuerst als Oberhofgerichtsrath, dann als Hof- und Justizrath, Geheimer Regierungsrath, Kreisdirektor, Minister des Innern und endlich als Minister des Kultus und des öffentlichen Unterrichtes, sowie Vorsitzender des Gesammtministeriums und der Evangelischen Minister, unter vier Regenten dem Staate gedient habe, bedarf einer Versicherung nicht. Allein je klarer mir in so verschiedenen Stellungen und einer so langen Dienstzeit, in welche die ernstesten und schwierigsten Perioden unseres staatlichen Lebens fallen, die große Verantwortlichkeit geworden ist, die ein Staatsdiener und insonderheit ein Minister seinem Könige und dem Staate gegenüber auf sich hat,

schmerzlich bewegt, jedoch in gerechter Würdigung der für meinen Rücktritt sprechenden Gründe, genehmigte der König meine Bitte, knüpfte aber an diese Genehmigung zugleich den Vorschlag, — um, wie er mir schrieb, mit mir auch noch länger „in mancher und nächster Verbindung" zu bleiben — daß ich das Ministerium des Königlichen Hauses übernehmen solle, wodurch mir zugleich auch „ein mäßiger und doch nicht unwichtiger Wirkungskreis zu Theil werde, was für einen an Geschäfte Gewöhnten nur wohlthätig sei". Natürlich ging ich

---

desto ernster trat die Pflicht an mich heran, jetzt, wo ich das 70. Lebens= jahr, mithin ein Alter erreicht habe, in welchem man sich sagen muß, daß tagtäglich die geistigen und körperlichen Kräfte mehr oder weniger, aber stetig abnehmen, mich ernstlich zu prüfen: ob ich noch länger im Stande sein würde, in der von mir wenigstens redlich angestrebten Weise mein Amt aus= zufüllen, da der Gedanke, den rechten, ohnehin, zumal für einen Minister schwer zu findenden Zeitpunkt des Rücktritts versäumt zu haben, und nur etwa noch als alter Diener, der wohl die Pflicht erfüllen möchte, aber es nicht mehr vermag, geduldet zu werden, für mich in hohem Grade nieder= drückend ist. Nicht darf ich sagen, daß eigentliche Krankheit mich hinderte, thätig zu sein, wenn auch eine große Reizbarkeit des Nervensystems es mir von Zeit zu Zeit erschwert; wohl aber fühle ich und fühlen wohl auch meine Kollegen und Andere, die mir nahe stehen, daß mit dem Alter und infolge verschiedener Erlebnisse die Elasticität des Geistes, die Sicherheit in der Behandlung wichtiger Fragen und die wahre, klare Auffassung und Ent= schiedenheit — Eigenschaften, die, zumal in unserer jetzigen wunderbar rasch wechselnden Zeit, einem Minister nicht fehlen dürfen — mehr und mehr schwinden, so daß ich ernstlich an den Rücktritt gemahnt werde zu einer Zeit, in der man sich entscheiden muß, fast alles neu zu organisiren, in neue Ideen und Verhältnisse sich zu finden, das Alte zu vergessen und schöpferisch und energisch Neues zu gestalten. Dazu gehört volle Geistes= frische, volle Unbefangenheit, volle Körperkraft. Abgesehen nun davon, daß ich mit mehren Ansichten, welche bei der bevorstehenden allgemeinen Or= ganisation hervortreten, mich kaum würde einverstanden erklären können, gestatte ich mir nur noch Folgendes hinzufügen. Würde es mir nämlich vielleicht auch möglich geworden sein, die Geschäfte bis über den nächsten Landtag hinauszuführen, so konnte ich doch darüber nicht zweifelhaft sein,

auf dieſen Vorſchlag mit Freuden ein und übernahm zu
Michaelis, nach Niederlegung meines Amtes als Kultus=
miniſter, aber unter Beibehaltung des Amtes eines Orden⸗
kanzlers, welches mir nicht lange nach v. Zeſchau's Tode über=
tragen worden war, das Königliche Hausminiſterium, dem ich,
hochgeehrt durch den Gnaden= und Vertrauensbeweis meines
Königs Albert bei Gelegenheit meines fünfzigjährigen Dienſt=
jubiläums am 13. September 1874,*) auch jetzt noch vorſtehe.

daß ich die vollſtändige innere Organiſation in Kirch= und Schulweſen ins
Leben zu rufen und auszuführen nicht im Stande ſein würde. Soll aber
ein neuer Vorſtand des Miniſteriums mitten in eine begonnene Organiſation
hineintreten, ſo würde dies für ihn wie für die Sache höchſt bedenklich ſein.
Die Synode iſt gewiſſermaßen der Schlußſtein des Gebäudes, das ich auf=
zuführen bemüht geweſen bin. Jetzt kann ich mit dem Bewußtſein zurück=
treten, nach beſtem Wiſſen und Gewiſſen, und nicht nach Willkür, ſondern
nach reiflicher Prüfung der thatſächlichen Verhältniſſe, immer an das Hiſto⸗
riſche anknüpfend, den Weg gebahnt zu haben, auf welchem in nächſter Zeit
es allein möglich ſchien, den Frieden in der Kirche zu wahren und den
kirchlich=religiöſen Sinn im Volke zu heben; mit dem Bewußtſein, auch
Ew. Königlichen Majeſtät gegenüber das Verſprechen, die erſte Landes=
ſynode leiten zu wollen, erfüllt zu haben, und mit der Ueberzeugung, daß
dieſe erſte Synode nach ihrer Zuſammenſetzung, ihren Verhandlungen und
ihren Beſchlüſſen im weſentlichen ein günſtiges Reſultat geliefert hat.
Schmerzlich berührt mich die Trennung von der Univerſität, mit der ich, ſo
zu ſagen, von meinem zweiundzwanzigſten Jahre an verwachſen bin; ich
verlaſſe ſie aber in voller Blüthe ſtehend ꝛc. Dresden 3. Juli 1871.

*) An dieſem Tage richtete der König Albert aus Pillnitz an v. Falken⸗
ſtein folgendes Schreiben: „Lieber Staatsminiſter Dr. v. Falkenſtein! Wie
ich in Erfahrung gebracht habe, erfüllen Sie mit dem heutigen Tage das
fünfzigſte Jahr ihrer verdienſtvollen Thätigkeit im öffentlichen Dienſte. Es
iſt meinem Herzen Bedürfniß, Ihnen zu dieſem ſeltenen Feſttage, welchen
Sie durch Gottes Gnade erleben, meine herzlichſten Glückwünſche darzubringen,
und mit den beſten Wünſchen für Ihr ferneres Wohlergehen zugleich meine
lebhafte Anerkennung und meinen wärmſten Dank für die hingebende Treue
und Sorgfalt, mit welcher Sie dem Staate und meinem Hauſe gedient
haben und noch dienen, zu verbinden. Ich behalte mir vor, zur Erinnerung
an dieſen Tag Ihnen eine Tabatière mit meinem Bilde überreichen zu laſſen,

Des Unglücksjahres 1866 habe ich absichtlich nicht weiter Erwähnung gethan; denn es birgt zu viel Trauriges, an das ich nicht gern zurückdenke. Unerwähnt darf freilich nicht bleiben, daß der König Johann, als er sich sein Land zu verlassen gezwungen sah, zur Weiterführung der Regierungsgeschäfte während seiner Abwesenheit eine Landeskommission einsetzte, und mich zum Mitgliede und zugleich Vorsitzenden derselben ernannte: außer mir gehörten dieser Kommission noch die beiden Minister Freiherr v. Friesen und Dr. Schneider, sowie der General a. D. v. Engel an. Traurige Erfahrungen haben wir da zu machen gehabt, die indessen, zumal im Hinblicke auf unsern geliebten König, der Schlimmeres noch zu ertragen hatte, mit Ergebung und in der zuversichtlichen Hoffnung auf Gottes gnädigen Beistand ertragen werden mußten. Der einzige wirkliche Sonnenblick in diesem Unglücksjahre war die glückliche Rückkehr unseres Königs;[*] überaus rührend war sein Empfang von Seiten der

---

und bitte Sie, dieselbe zugleich als ein Zeichen der dankbaren Gesinnungen zu betrachten, mit welchem ich stets verbleibe Ihr wohlgeneigter Albert." (Abgedr. in der Leipziger Zeitung 1874. Nr. 221. S. 2839.)

[*] Im Dresdner Journale 1866. Nr. 289. S. 1177 findet sich folgender Trinkspruch v. Falkenstein's bei Gelegenheit des Festmahles zur Feier des ersten Geburtstages des Königs Johann nach seiner Rückkehr, am 12. December 1866, abgedruckt: „Hochzuverehrende Herren und Festgenossen! Wir haben uns heute in diesen Räumen versammelt, um gemeinsam und in dieser leider unharmonischen Zeit doch in wahrer Geistes- und Herzensharmonie das Geburtsfest unsers theuern und allverehrten Königs zu begehen. Wie Er an der Schwelle eines Jahres stand, so stehen wir Alle an dem Anfange einer neuen Zeit, und für Ihn, wie für unser theures Vaterland, das mit Ihm eng verwachsen ist, möchten wir an diesem ernsten Tage betend und hoffend Herz und Hände erheben. Eine Zeit schwerer, verhängnißvoller Prüfung liegt hinter uns, unberührt davon ist wohl Niemand geblieben, und auch Die, welche fern von dem eigentlichen Drangsale des Krieges gewesen, haben mit theilnehmendem Herzen ihrer noch mehr leidenden Brüder gedacht. Jahre werden vergehen und ernster Arbeit wird es bedürfen, die Wunden zu heilen, welche dem blühenden Wohlstande des Landes geschlagen

Bevölkerung, wahrhaft rührend aber für mich der Empfang von seiner Seite, als er mir den Orden der Rautenkrone überreichte, mit den Worten: „Haben Sie Dank für Ihre treue

wurden. Aber dürfen wir verzagen, wenn wir aufblicken zu Dem, dessen Geburtsfest wir heute feiern, zu unserem theuern König und Herrn? Wo ist, so darf ich ohne Uebertreibung fragen, wo ist im ganzen Lande auch nur Einer, dem in so kurzen Zwischenräumen in der Familie wie im öffentlichen Staatsleben solche Prüfungen auferlegt worden wären, als Ihm? Blühende Kinder und Enkel sah Er in das Grab sinken, an denen sein ganzes Herz hing; schwere Gewitterwolken thürmten sich auf über Land und Volk, für dessen Glück Er doch in Wahrheit Tag und Nacht gesorgt und gearbeitet hat, und unterliegen mußte Er endlich in einem Kriege, in den Er wahrlich nicht aus Kampflust sich gestürzt, an welchem Theil zu nehmen aber Er rechtlich und sittlich verpflichtet war. Und diesen schwer geprüften König, der auch in weiter Ferne liebend Seines Volkes gedachte, dessen Trangsale Er wohl hören, aber nicht lindern konnte, wie haben wir Ihn wiedergesehen, als Er zurückkehrte zu Seinen Sachsen, als Er einzog in Seine Residenz, als Er vom Throne herab Seine getreuen Stände ansprach? Sorgenvollen Hauptes wohl, aber muthig und voll guter Zuversicht schaute Er auf Seine treuen Sachsen mit erhobenem Geiste, und entschlossen rief Er den Vertretern des Landes die denkwürdigen Worte zu: ‚Gehen Wir mit frischem Muthe und aller Redlichkeit den neuen Verhältnissen entgegen!' Woher dieser Muth und diese Zuversicht? Nur Der, der mit so reinem Gewissen und solcher Wahrhaftigkeit die rauhe Bahn des Lebens durchwandelte, Er vermag es auch im Unglücke, solche Haltung zu gewinnen, so überzeugungsgetreu und doch so muthig und ergeben der Zukunft entgegen zu gehen. Sicherlich, meine Herren, ein Land, in dem die echte Frömmigkeit und Wahrhaftigkeit auf dem Throne herrscht, kann selbst in einer Zeit, in der die Sirenengesänge der Lüge und Selbstsucht so viele Menschen bethören, nicht verderben. Preisen wir daher die weltbekannte Gelehrsamkeit und das reiche Wissen unsers Königs, das Jedem Bewunderung abzwingt. Die Liebe Seines Volkes preist höher noch Seinen frommen Sinn und Seine unbeugsame Wahrhaftigkeit. Ihm wollen wir treu sein, Sein Vorbild wird uns Kraft geben, auch das Schwere mit Würde zu tragen, um uns das alte Wort stets gegenwärtig zu erhalten: ‚Nur wer sich selbst aufgiebt, ist aufgegeben.' Auf denn, die Gläser zur Hand, unser geliebter König Johann, der Wahrhaftige, lebe hoch!"

Umsicht und Ihr muthiges Ausharren; ich gebe Ihnen mit meinem Danke und als Zeichen desselben das Beste, was ich habe."

Daß ich endlich dem König Johann nach meinen besten, wennauch schwachen Kräften durch die Darstellung seines Charakters ein kleines Denkmal noch habe setzen können,*) gehört zu den größten Freuden meines Alters. — Hiermit und mit den später hinzugefügten Worten: „Es sind die vorstehenden Mittheilungen und zum Theil nur kurzen Andeutungen nichts weniger als überall ausreichend; sie können aber einen Rahmen bilden, in welchem sich, falls mir Gott Leben und Gesundheit schenkt, noch Manches aus meinem Leben einschließen läßt", endet die Niederschrift v. Falkenstein's.

Gott hat es aber anders beschlossen gehabt und v. Falkenstein nicht mehr Zeit gelassen, den Rahmen auszufüllen. Es bleibt daher dereinst einem Anderen vorbehalten, in diesem

---

*) S. „Zur Charakteristik König Johann's von Sachsen in seinem Verhältniß zu Wissenschaft und Kunst. Gedächtnißrede auf Veranlassung der Königl. Sächs. Gesellschaft der Wissenschaften gehalten von Johann Paul v. Falkenstein. [Separat-Abdruck aus des VII. Bandes der Abhandlungen der philologisch-historischen Classe der Königl. Sächsischen Gesellschaft der Wissenschaften N. III.] Leipzig, Hirzel. 1874. gr. Lex. 8°. 54 S." — „Zur Charakteristik König Johann's in seinem Verhältniß zu Wissenschaft und Kunst. Neue und in den Beilagen veränderte Auflage, besorgt von J. Petzholdt. Dresden, v. Zahn. 1874. 8°. 3 Bll. 73 S." — „Johann, König von Sachsen. Ein Charakterbild von Johann Paul von Falkenstein. Mit drei Porträts und acht Beilagen. Dresden, Baensch. 1878. II. Abdruck 1879. gr. 8°. XII, 339 S. m. 3 Taf." — „Johann König von Sachsen. Ein Charakterbild von Johann Paul v. Falkenstein. Mit drei Portraits in Kupferstich. Volksausgabe. Herausgegeben von J. Petzholdt. Dresden, Baensch. 1879. 8°. VII, 210 S. m. 3 Taf. u. 1 Titelvignette". — „Johann, König von Sachsen. [Von v. Falkenstein.] (Separatabdruck aus der Allgem. Deutschen Biographie, Band XIV. [S. 387—99.]) Leipzig, Dunder & Humblot. 1881. gr. 8°. 1 Bl. 14 S."

Rahmen eine eingehendere und ausführliche Darstellung von dem zu geben, was v. Falkenstein gewirkt und geschaffen hat und welchen Segen seine Schöpfungen gehabt haben. Nur eins mag hier schließlich noch Erwähnung finden, dessen v. Falkenstein in den eigenen Mittheilungen und Andeutungen nicht gedacht ist — seine Fürsorge für „die Armen und Bedrängten", die er insbesondere in dem Geschäfts= und Arbeitskreise des Dresdner „Vereines zu Rath und That" gezeigt hat. Hierüber schreibt die „Social=Correspondenz":*) „Die Ideale der Humanität, von denen der Verewigte schon in der Jugend erfüllt war, sind in allen seinen Lebensstellungen und auch bei seiner mehr als zwanzigjährigen Verwaltung des Amtes eines Vorsitzenden des Dresdner Vereines zu Rath und That recht sichtbar zu Tage getreten. Der würdige Greis hat noch in seinen letzten Lebenstagen die Fahne dieses seines Lieblingsvereines hoch gehalten und sich mit dem Plane beschäftigt, die verschiedenen Wohlthätigkeitsvereine Dresdens, insbesondere den „Hilfsverein", den „Frauenverein" und den neubegründeten „Verein gegen Armennoth und Bettelei" in einen organischen Zusammenhang miteinander zu bringen, damit sich dieselben nur zum wahren Heile der Armen und zum Besten der Vaterstadt Konkurrenz machen möchten. Er erkannte mit klarem Blicke, daß die neue Zeit und die reformirte amtliche Armenpflege auch an die verschiedenen Wohlthätigkeitsvereine neue Anforderungen stellte. Er wollte jedoch mit Recht auch das gute Alte bewahrt und gewürdigt wissen und erinnerte unter anderen daran, daß der „Verein zu Rath und That" schon im Jahre 1803 den Grundsatz aufgestellt habe: ‚hilfsbedürftigen Einwohnern Dresdens dergestalt Unterstützung zu verschaffen, daß sie ihr Gewerbe sorgenfrei fortsetzen können und, soweit möglich, ihrer gänzlichen Verarmung vorzubeugen'. In gleicher

---

*) S. Dresdner Journal 1882. Beilage zu Nr. 16. S. 81.

Weise wünschte er die von dem „Vereine zu Rath und That" schon seit Menschenaltern gewährten ‚Unterstützungen zu gewerblicher Forthilfe' noch weiter auszubilden. Erfüllt von diesen Plänen, schrieb v. Falkenstein noch unmittelbar vor seinem Tode eine Reihe von Gedanken aufs Papier, welche wie ein Vermächtniß an seine Gesinnungsgenossen klingen." Dieses Schriftstück*) ist wohl werth ausführlich hier noch mitgetheilt zu werden.

Es gehört ohnstreitig zu den erfreulichen Erscheinungen unserer Zeit, schreibt v. Falkenstein, daß überall das ernste Streben sich kund giebt, Wohlthätigkeit zu üben, der Armen Noth zu lindern, der Verarmung vorzubeugen und der Jugend es zu erleichtern, sich zu tüchtigen Staatsbürgern, namentlich auch in der Klasse der Gewerbtreibenden, heranzubilden. Es mag dahin gestellt bleiben, ob es überall das rechte Fundament ist, auf welchem jenes Streben ruht, ob nicht hier und da eine gewisse Eitelkeit, oder eine Sucht, eine Mode mitzumachen, das treibende Moment ist. Wir meinen, daß man mit der Kritik bei Beurtheilung von Wohlthätigkeitsbestrebungen nicht zu scharf sein soll, Gott allein kann in das Herz sehen; wir haben uns zu freuen, daß Gutes geschieht und haben vorauszusetzen, daß es aus wahrhaft christlicher Liebe geschieht. Auch darüber ist schwer zu urtheilen, ob nicht hier und da zu viel geschieht und, gewissermaßen aus bester Absicht, der Freiheit und Selbständigkeit zu wenig Raum gelassen, oder es den Menschen nicht gar zu leicht gemacht wird, ohne Anstrengung zu existiren und dadurch dem Leichtsinn, der Bequemlichkeit c. Vorschub geleistet wird; und endlich wird man sich fragen müssen, ob man allenthalben den richtigen Weg geht, den Zweck zu erreichen. Die Ansicht der Menschen über alle diese

---

*) Auch gedruckt ohne Angabe des Verfassers in 4°. 2 Bll.

Fragen werden natürlich zu allen Zeiten verschieden sein, aber um so wichtiger dürfte es sein, daß man nicht versäumt, zuweilen auch rückwärts zu blicken, um sich klar darüber zu machen, was etwa schon in früheren Zeiten zu gleichen Zwecken geschehen ist, und welche Wege man damals gegangen ist: denn durch eine Vergleichung früherer Verhältnisse und Ansprüche mit den jetzigen wird man vielleicht am besten dazu kommen, nach allen Seiten hin Maß zu halten und anstatt immer Neues schaffen zu wollen, an das Alte anzuknüpfen und schon gemachte Erfahrungen zu nützen. Es dürfte diese Bemerkung besonders für Dresden von einiger Wichtigkeit sein, wo wir schon seit Alters her eine so große Anzahl von Vereinen haben, die mehr oder weniger gleiche wohlthätige Zwecke verfolgen, so daß man sehr zweifelhaft sein kann, ob wirklich ein Bedürfniß vorliegt, neue Vereine zu gründen, oder ob nicht vielmehr es gerathen ist, die bestehenden Vereine weiter auszubilden und auszunützen und sich an schon bestehende Einrichtungen anzuschließen, und nur innerhalb des gegebenen Rahmens auf solche Modifikationen und Reformen in der Organisation hinzuarbeiten, die den jetzigen Verhältnissen, der Vermehrung der Einwohnerzahl und den Anforderungen der Zeit entsprechen. Der sehr werthvolle Aufsatz im „Dresdner Anzeiger" Nr. 347 hat zunächst zu diesen Bemerkungen Anlaß gegeben, wobei man zu gleicher Zeit die Statuten verschiedener hier seit langer Zeit bestehender Vereine durchzugehen Veranlassung hatte und insonderheit sich auch mit Durchlesung der sehr verdienstvollen und lesenswerthen „Chronik des Vereins zu Rath und That" von dem ehemaligen um das Armenwesen hochverdienten Kreisdirektor Dr. Merbach beschäftigte. Mit großer Freude hat der Verfasser dieser Zeilen s. Z. den Verein gegen Armennoth und Bettelei begrüßt; er ist selbst dessen Mitglied und erkennt den großen Segen, den derselbe schon jetzt innerhalb der Grenzen, die er sich ursprünglich gestellt hat, ausübt, mit großem Danke an. Es ist dies ein

Verein, der so ganz zeitgemäß ist, so bestimmte Zwecke verfolgt und so richtig ergänzend in das gesammte Armenwesen eingreift, daß nur zu wünschen ist, er möge mehr und mehr thätige Theilnehmer finden. Wenn aber derselbe neuerlich von einer neuen Organisation durch „Helfer" spricht und die Wirksamkeit des Vereins auch auf Zweige der Wohlthätigkeit auszudehnen beabsichtigt, die an sich jenem Vereine, seinen ursprünglichen Zwecken nach, bis jetzt ziemlich fern gelegen haben, und damit in eine Anzahl von Vereinen eingreifen zu wollen scheint, die bereits dieselben Zweige der Wohlthätigkeit zu ihren hauptsächlichen Aufgaben zählen, so mag es doch erlaubt sein, darauf hinzuweisen, daß die an sich treffliche Idee, „Helfer" zur Ausführung einer erfolgreichen Armenunterstützung in Anspruch zu nehmen, namentlich rücksichtlich derjenigen Zweige der Wohlthätigkeit, denen der Verein gegen Armennoth und Bettelei jetzt noch seine Wirksamkeit zuzuwenden die Absicht hat, nicht neu, sondern schon seit geraumer Zeit bei mehren Vereinen praktisch in Uebung ist, und daß es daher gewiß wünschenswerth wäre, diesen Vereinen nicht ohne bringende Noth Konkurrenz zu machen und deren seitherige Wirksamkeit zu ignoriren, das Publikum aber, statt es aufzuklären, zu verwirren und darüber ungewiß zu machen, an welchen Verein der der Unterstützung Bedürfende sich zu wenden habe, um seinen Zweck zu erreichen. Um dies deutlich zu machen, mag hier nur der ältesten Vereine gedacht werden, des Vereins zu Rath und That, des Hilfsvereins und des Frauenvereins. Es mag sein, daß mancherlei in diesen Vereinen veraltet sei, daß diese Vereine nicht immer bei ihrer Unterstützung das Rechte getroffen haben, daß sie in gewisser Beziehung sich — wie man zu sagen beliebt — überlebt haben. Eines ist gewiß: sie haben in der langen Zeit ihres Bestehens (es handelt sich hier um einen Zeitraum, der mehr als 50 Jahre umschließt) viel Gutes gewirkt; sie haben tiefe Wurzel geschlagen in der gesammten Einwohnerschaft — man denke nur an die bedeutenden Vermächtnisse, Geschenke ꝛc., welche ihnen mitten aus der Bürgerschaft zufließen — und verfolgen im wesentlichen dieselben Zwecke mit denselben Mitteln, auf welchen der Verein gegen Armennoth und Bettelei hindeutet. Schon 1803 stellte der Verein zu Rath und That den Grundsatz auf: „hilfsbedürftigen Einwohnern Dresdens dergestalt Unterstützung zu verschaffen, daß sie ihr Gewerbe sorgenfrei fortsetzen können und, soweit möglich, ihrer gänzlichen Verarmung vorzubeugen" und sonach sich nicht mit Reichung fortgehenden Almosens zu befassen — was vielmehr der örtlichen Armenbehörde zu überlassen sei — sondern, a) hilfsbedürftigen Künstlern und Professionisten, welche sich als sittliche und fleißige Arbeiter legitimiren könnten, besonders zur Anschaffung der erforderlichen Werkzeuge und Materialien einen nach Befinden zinsenfreien Vorschuß zu gewähren, b) solchen Kindern, die aus öffentlichen Fonds nicht unterstützt werden könnten, und denen es an Mitteln zu ihrem künftigen Fortkommen fehlt, bis zu ihrem 15. Jahre alles zu gewähren, was zu ihrer zweckmäßigen Bildung und zur Wahl einer nützlichen Lebensart, nebst der Vorbereitung zu derselben, erforderlich sei, und c) in besonders dringenden Fällen außerordentliche Geschenke zu vertheilen oder sonst die Versorgung der Bedürftigen zu bewirken.

In ähnlicher Weise hat der Frauenverein die Speisung Armer, die Unterstützung von Wöchnerinnen, die Kinderbewahranstalten und Krippen unter seine spezielle Obhut genommen, und hat endlich der Hilfsverein einzelner Personen oder ganzer Familien sich angenommen, um für ihr körperliches und sittliches Wohl zu sorgen und damit der Verarmung und dem sittlichen Verkommen vorzubeugen.

Oft schon ist die Frage der Verschmelzung dieser Vereine in Frage gekommen, allein bei näherer Betrachtung ist man immer wieder darauf zurückgekommen, das alte divide et impera auch hier anzuwenden. Die Stiftungsfonds, auf welche die

Vereine angewiesen sind, das lange segensreiche Bestehen derselben haben immer davor gewarnt, einschneidende Aenderungen hervorzurufen; wohl aber hat man darauf hingearbeitet, ein gemeinsames Wirken durch gegenseitige Unterstützung des Wirkens mit Geldmitteln und sonst das Ganze zu fördern.

Alle diese Vereine — es existiren vielleicht noch ähnliche uns nicht bekannte Vereine — haben die „Helferdienste" beansprucht und haben eben dadurch die große Popularität erlangt, der sie sich erfreuen. Wenn der Verein zu Rath und That jedes bei ihm eingehende Gesuch durch die 20 Ausschußmitglieder gewissenhaft untersuchen läßt, ehe er einen Beschluß faßt; wenn der Hilfsverein die Person und Familie, der er die Hilfe angedeihen lassen will, ehe er sie gewährt, genau prüfen läßt und seinen Mitgliedern die Pflicht auferlegt, die Betreffenden in fortwährender Aufsicht zu behalten; wenn der Frauenverein für die verschiedenen Branchen seiner Wirksamkeit seine Vorsteherin und Untervorsteherin und Hilfsdamen hat, so sind das eben Personen, die mit Freuden und einem wahrhaft christlichen Sinn der oft mühevollen Arbeit sich unterziehen, dafür aber auch die Freude genießen, von Zeit zu Zeit unmittelbare Früchte ihrer Thätigkeit zu sehen; es sind diese Helfer ganz unbefangene, nicht durch Nachbarschaft oder sonstige Rücksichten in ihrem Urtheile mehr oder weniger gebundene Personen, und die Kontrole, der sie sich beim Vortrag der von ihnen erörterten Gesuche unterwerfen, schützt sie ebenso vor Irrthum, wie vor Uebereilung. Wohl ist die Last oft groß, aber die Berufsfreudigkeit hat bisher wenigstens alle Beschwerden mit Leichtigkeit besiegt; die Freiwilligkeit und das Bewußtsein, zu nützen, hat über alle Beschwerden hinweggeholfen. Bei Ausübung der Wohlthätigkeit muß man es sich und Anderen nicht zu leicht machen. Je mehr Arbeit, desto größerer Genuß. Besteht also schon seit langen Jahren bei diesen Vereinen ein Helferdienst und hat er sich da vollständig bewährt, so scheint wenigstens eine ganz neue Organisation dieses Dienstes für jenen Verein kaum angezeigt; wenigstens müßte dabei mit großer Vorsicht und nicht ohne vorheriges Einverständniß mit jenen Vereinen vorgegangen werden. Endlich mag noch ein Punkt hervorgehoben werden. Der Verein gegen Armennoth und Bettelei hat wie es scheint sich der Kinder, oder wenigstens der Jugend insofern anzunehmen beschlossen, als er Unterstützung aller Art zu Erlernung eines Handwerks gewähren will. Auch dafür ist schon seither, wie oben bemerkt, wennauch vielleicht nicht in so ausgedehnter Weise, als es wünschenswerth, gesorgt worden. Es ist vielleicht nicht überflüssig auch hier auf die Statuten des Vereins zu Rath und That hinzuweisen. Eben weil der Verein zu Rath und That nicht den Zweck hat, vorhandene bleibende Armuth zu unterstützen, sondern der Verarmung vorzubeugen, hat er sich des Handwerks mit angenommen, und zwar theils durch Vorschüsse, theils durch Beschaffung von Handwerkszeug, theils durch Forthilfsbeiträge an Personen männlichen und weiblichen Geschlechts, theils endlich durch Zahlung der Aufbinge- und Lossprechungskosten. In allen diesen Fällen haben die Ausschußpersonen (Helfer) die Pflicht, nicht nur vorheriger spezieller Erörterung, sondern auch fortdauernder Aufsicht. Freilich ist mit Einführung der Gewerbefreiheit und der wesentlichen Aenderungen bezüglich des Aufbingens und Lossprechens dieser beste Theil der Wirksamkeit des Vereins gestört worden, und die Verträge, die der Verein mit einzelnen Innungen oder auch mit einzelnen Meistern wegen Annahme von Lehrlingen und wegen der Gewährung der Beiträge geschlossen hat, sind in diesem Augenblicke wirkungslos. Allein, wenn das Aufbingen und Lossprechen 2c., wie zu hoffen, wieder mehr in den Vordergrund tritt, wird auch der Verein gewiß gern bereit sein, seine Pflichten statutengemäß mit Freuden zu erfüllen. Die früher gerade auf diesen Theil seines Wirkens verwendeten Summen sind in der That sehr bedeutend gewesen, und die Schule des Vereins hat die beste Gelegenheit gegeben, solche Kinder zu unterstützen, deren Eltern den verschämten Armen oder denen angehören, bei denen es darauf ankommt, vor weiterer Verarmung zu schützen. Es ist gewiß hoch erfreulich, daß der Verein gegen Armennoth und Bettelei den Segen derartiger Unterstützungen erkannt hat; allein es scheint doch, daß es im allseitigen Interesse liegt, sich über die Ausführung mit dem Vereine zu Rath und That zu vernehmen, der, wie mangelhaft auch sein Wirken sein mag und wie gern er sich bescheidet, daß die neue Zeit Verbesserungen erheischen mag, doch eine langjährige Erfahrung für sich hat und gewiß nicht den mittelbaren Vorwurf verdient, als habe er seine statutenmäßigen Pflichten so wenig erfüllt, daß man seine bisherige Wirksamkeit ganz ignoriren könne. (Dresden, den 12. Januar 1882.)

In Beisein des Königs und des Prinzen Georg, sowie vor einer gewählten Trauerversammlung fand in Dresden in der v. Falkenstein'schen Privatwohnung am 17. Januar früh 11 Uhr die feierliche Einsegnung der Leiche v. Falkenstein's durch den Konsistorialrath Superintendent Dr. Meier statt, worauf Nachmittags die Ueberführung der Leiche nach dem Böhmischen Bahnhofe erfolgte, um von da aus nach Frohburg gebracht zu werden, wo der betreffende Zug Abends ½11 Uhr eintraf. Am dortigen Bahnhofe erwartete eine große Menge, darunter der Stadtrath, die Frohburger und Greifenhainer Geistlichkeit, der Kirchenvorstand, die Schützengilde und die Feuerwehr, die Leiche und begleitete sie unter Glockengeläute und Fackelbeleuchtung zur Stadt und in die Kirche, in der sie bis zu der am anderen Tage erfolgenden Bestattung aufgebahrt blieb. Am 18. Januar Nachmittags nach 2 Uhr fand sich ein ansehnlicher Zug Leidtragender, bestehend aus den Hinterlassenen v. Falkenstein's, Vertretern weltlicher und geistlicher Behörden, sowie Freunden und Verehrern des Verstorbenen, in der Kirche ein, von wo aus, nachdem zuvor noch die beiden Geistlichen P. Gersdorf von Frohburg und Superintendent P. Dr. Michel aus Großzschocher, sowie der Rektor der Leipziger Universität Geh. Hofrath Prof. Dr. Zarncke und Oberbürgermeister Dr. Georgi aus Leipzig, ersterer im Auftrage der Universität und letzterer im Namen der Stadt Leipzig, dem Verstorbenen den letzten Gruß dargebracht hatten, die Leiche der letzten Ruhestätte au dem Gottesacker übergeben wurde.*)

---

*) Eine nähere Beschreibung der Begräbnißfeierlichkeiten ist im Dresdner Journal 1882. Nr. 14. S. 68 und Nr. 16. S. 79—80 und in dem Frohburger Wochenblatt 1882. Nr. 6 abgedruckt. Die dabei gehaltenen Reden finden sich im nachfolgenden Anhange mitgetheilt.

Gedächtnißreden.*)

*) Berichtigter Abdruck aus: „Reden gehalten bei der feierlichen Beisetzung Seiner Excellenz des Herrn Staatsminister a. D. und Ministers des Königlichen Hauses Freiherrn Dr. Paul von Falkenstein Großkreuz ꝛc. ꝛc. am 18. Januar 1882. gr. 4°. 14 Bll. Autographirt."

1.

Rede des Consistorialrath Superintendent Dr. E. J. Meier in Dresden.

Herr Gott, du bist unsre Zuflucht für und für. Ehe denn die Berge worden, und die Erde, und die Welt geschaffen worden, bist du, Gott, von Ewigkeit zu Ewigkeit, der du die Menschen lässest sterben, und sprichst: Kommt wieder, Menschenkinder. Leben wir, so leben wir dem Herrn, sterben wir, so sterben wir dem Herrn. Darum wir leben oder wir sterben, so sind wir des Herrn. Amen.

In dem Herrn Geliebte. So spricht der Herr: „Ich will euch tragen bis ins Alter und bis ihr grau werdet, ich will es thun, ich will heben und tragen und erretten" — und wie hat sich doch diese köstliche Verheißung an dem theuern Vollendeten, um dessen sterbliche Reste wir uns hier in tiefer Bewegung unsers Herzens gesammelt haben, in seinem Leben und nun auch in seinem Tode erfüllt! Der Herr, der ihn durch die ganze lange Wallfahrt seines so reich begnadeten, so sichtbar behüteten Lebens von einer Station zur andern bis in sein überaus gesegnetes Alter gehoben und getragen, der hat ihn nun auch wie auf Adlersflügeln über den letzten breiten Graben, über die dunkle Grenze zwischen Zeit und Ewigkeit hinübergehoben und getragen in die himmlische Welt, nach der das tiefste Sehnen seiner in Gott gegründeten, nach Oben gerichteten Seele mitten unter allen Arbeiten und Geschäften der Erde ging.

Fast ohne die Bitterkeit des Todes zu schmecken ist er wie ein Träumender der Welt entrückt worden; wie ein müder, wohlbereiteter Pilger hat er seinen Stab niedergelegt, und so unerwartet sein Ende gekommen, einen so friedevollen Abschluß hat sein vielbewegtes Leben in seinem sanften stillen Tode gefunden.

Wir fühlens Alle an diesem Sarge, welch ein reiches und bedeutendes Leben hier zu seinem irdischen Ziele gekommen, reich an tiefem Inhalt, an einem ehrwürdigen Schatz von Weisheit und Erfahrung, der ein kostbares Vermächtniß ist zumal für Alle, die dem Heimgegangenen näher gestanden haben, ein Leben, dessen Strom seine Wellen über weite Gebiete ergossen hat, und das insonderheit ein großes Stück vaterländischer Geschichte in sich beschließt, die mit seinem Namen aufs Engste verknüpft ist, der in unsrer Sächsischen Geschichte für alle Zeiten einen ehrenvollen Platz behaupten wird. Ziehen wir die Summa dieses Lebens, das ja freilich in seiner ganzen Bedeutung zu würdigen, nimmer die Aufgabe dieses Augenblickes sein kann, und fragen wir, was seine innerste Seele gewesen, so meine ich das Bild seines Lebens in den Psalmworten zu lesen: „Meine Augen sehen nach den Treuen im Lande, und ich habe gerne fromme Diener".

Wohl treffliche Züge vereinigten sich in der schon von Natur edel angelegten Seele des Heimgegangenen: ein idealer Sinn, in welchem er noch in den Tagen seines Alters mit der Wärme eines Jünglings für alles höhere, geistige Leben, für Alles, was groß und schön ist, entzündet war, ein mildes Wohlwollen, das in den Menschen und in den Verhältnissen gern an die besseren Seiten anknüpfte, und die Liebenswürdigkeit eines freundlichen Herzens. Aber sein innerster, tiefer Grundzug war doch die gewissenhafte Treue eines frommen Gemüthes, und darin war er eine echt Deutsche Natur. In dieser Treue hat er sein Leben nicht als einen Genuß, sondern als eine

Aufgabe, als einen Dienst angesehen, und hat mit dem reichen Pfunde seiner Lebenszeit, wie seiner Gaben und Kräfte als mit einem verantwortungsvollen Kapital gewuchert, wie irgend Einer. Sein ganzes Leben ist Arbeit, rastlose, unermüdliche Arbeit fast bis zum letzten Athemzuge gewesen und Arbeit für das allgemeine Beste, Arbeit für edle Zwecke; auch als er aus dem öffentlichen Staatsdienst zurückgetreten war, gönnte er sich keine Ruhe, und noch zwei Tage vor seinem Ende war er glücklich, eine umfängliche Arbeit für den Verein unserer Stadt vollendet zu haben, der an ihm eines seiner hervorragendsten und thätigsten Mitglieder verloren. Was der Heimgegangene in dieser arbeitsrührigen und arbeitsfreudigen Treue gethan hat für König und Vaterland, in schweren und verantwortungsvollen Lagen, als ein bewährter und vertrauter Rathgeber der Krone, den unser theurer König und Herr mit Seinem königlichen Herrn Bruder noch im Tode durch Seine hohe Gegenwart in unsrer Mitte ehrt; was er gethan hat für die Kirche unsres Landes, die er in richtiger Erkenntniß der Zeit, wie auch mit der vorsichtigen Weisheit eines ebenso klugen, als treuen Haushalters in ein neues Stadium freierer und selbständigerer Entwickelung hinüber geleitet; was er gethan hat für die Schule in ihren verschiedenen Stufen von der Volksschule bis zur Hochschule, die des jungen Docenten erste Liebe gewesen und die als die Heim- und Pflegestätte wahrer Idealität sein Herzblatt geblieben, der Gegenstand seiner eifrigsten und thätigsten, man darf sagen einer wahrhaft rührenden Fürsorge — unbestritten der schönsten Blüthe in seinem reichen Ehrenkranze — Das Alles ist uns noch in frischer Erinnerung und wird unvergessen bleiben.

Und diese Treue, die er so auf den verschiedensten Gebieten des öffentlichen Lebens geübt, auch unbeirrt durch mancherlei Verkennung und Anfechtung, die ihm bei aller reichen Anerkennung nicht erspart bleiben konnte, wie hat er sie auch im engsten Kreis, in reichgesegneter und beglückender Häuslichkeit bewiesen, wo die Wärme und Freundlichkeit seines liebreichen Herzens sich besonders wohlthuend entfaltete, bewiesen an den Seinen, an seiner innig geliebten Gemahlin und an seinen theuern Kindern, deren geistiger und sittlicher Pflege er sich bei aller seiner großen Berufsthätigkeit mit einer Treue hingegeben, auf der Gottes sichtbarer Segen ruht. So dürfen wir vor Gottes Angesicht und Gott zur Ehre auf den Heimgegangenen das Psalmwort anwenden: „Meine Augen sehen nach den Treuen im Lande" und mit ihm fortfahren: „Ich habe gerne fromme Diener".

Denn wie in diesem Psalm Treue und Frömmigkeit vereinigt sind, so war es auch bei dem Heimgegangenen. Seine gewissenhafte Treue, insonderheit seine Arbeitstreue, wurzelte in aufrichtiger Gottesfurcht und Frömmigkeit, die namentlich eine mütterliche Freundin frühe in ihm gepflegt, die in sein jugendliches Leben so wohlthätig eingegriffen, deren Andenken er immer mit dankbarer Liebe und Erfurcht segnete. Er war ein treuer Diener seines Königs und Vaterlandes, weil er ein frommer Diener seines himmlischen Königs und Herrn war, nicht blos ein Freund und Anhänger kirchlicher Richtung, sondern ein von Herzen gottesfürchtiger Christ, der sich treu hielt zu Gottes Haus, Gottes Wort und Sacrament; der mit warmer Liebe auch in den Seinen christliche Liebe und christliche Gesinnung pflegte, sich mit ihnen zumal gern an dem Liederschatz unserer Kirche erquickend; der bei aller Milde mit seiner persönlichen Ueberzeugung feststand auf dem christlich-positiven Heilsgrund und der die schöne Tradition seiner Jugend, der Zeit der Deutschen Erhebung, bewahrte, die zugleich eine religiöse Erhebung und Erneuerung war. Treu dieser Tradition hielt er fest an dem Bund zwischen Deutschem und zwischen christlichem Geist, zwischen Deutschem Volksthum und Christenthum, wie er auch festhielt an dem Bunde zwischen Evangelium und gesunder Bildung, zwischen Religion und echter Wissenschaft, so gewiß die Erleuchtung durch Christum die Quelle der wahren Aufklärung ist, und der Glaube eben so ein Licht des Geistes, als eine Flamme des Herzens sein muß.

In dieser Frömmigkeit hat er auch unter allen tiefen Erschütterungen, bei allen schweren Verirrungen der Zeit den Glauben an den Sieg des christlichen Geistes über alle unchristlichen Mächte, des Lichtes über die Finsterniß, des Guten über das Böse nicht sinken lassen, und so tief es ihn je zuweilen betrübte, wenn er in die dunklen Gänge der Zeit und des Volkes hineinsah, er hat doch nie einem trüben verzweifelnden Pessimismus Raum gegeben, sondern immer wieder sich aufgeschwungen zu einer freudigen Hoffnung auf den Herrn, und auf die Kraft seiner Wahrheit und seines Geistes. Das ist das Bild der Treue und der Frömmigkeit des Entschlafenen.

Aber was ist alle unsere menschliche Treue gegen die Treue Gottes, die auch über dem Leben des Heimgegangenen so groß gewesen ist! Er hat ihn gesättiget mit langem Leben und hat ihm gezeigt sein Heil, er hat ihm vielen Segen und Gedeihen gegeben zu seiner Arbeit, und ihm insonderheit die Freude geschenkt, die zu den schönsten Freuden eines thätigen Mannes gehört, daß er nicht wenige seiner Unternehmungen zu einem befriedigenden Abschluß hat bringen können, er hat sein Alter gemacht, wie seine Jugend, und ihn in einer seltenen geistigen Frische und Rüstigkeit den 50jährigen Jubeltag seiner Ehe und seinen 80. Geburtstag, fast gleichzeitig mit der Taufe seines Urenkels erleben lassen; er hat ihn vor allen ernsten Krankheiten bewahrt, und ihm nun gegeben, daß Hiob's Wort an ihm wahr wurde: „Du wirst im Alter zu Grabe kommen, wie Garben eingeführt werden zu seiner Zeit", wie Garben, die ausgereift sind im vollen Sinne des Wortes, im natürlichen und geistigen Sinne. Darum so weh es uns um die

Lücke ist, die durch den Heimgang des Entschlafenen gerissen ist, so preisen wir in allem Schmerz Gottes Gnade, die sich an ihm in seinem Leben und in seinem Tode verherrlicht hat. Wir danken dir, gnädiger Gott, für alle Treue und Barmherzigkeit, die du an ihm bewiesen, und für allen den großen Segen, den du von seinem Leben hast ausgehen lassen über große und weite Gebiete, wie über den nächsten Kreis seines Hauses. Wir danken dir, daß du ihn im Glauben an dich und deinen Sohn immer fester gegründet und ihm einen gnädigen Heimgang geschenkt und ihn in Frieden hast heimfahren lassen. Tröste Alle, die an diesem Sarge trauern, die tiefgebeugte Wittwe und die leidtragenden Kinder und Kindeskinder, auf denen der Segen des geliebten Vaters allezeit ruhen möge; verkläre ihren Schmerz im Lichte deiner ewigen Liebe zu der stillen Ergebung, die in allen Schickungen deinen heiligen Rath ehrt! Und ob das sichtbare Band der Gemeinschaft mit dem Heimgegangenen gerissen ist, so laß das unsichtbare Band der Gemeinschaft des Geistes und der Liebe desto fester geknüpft sein! Uns allen aber laß das Andenken des theuern Heimgegangenen, das uns so mächtig hineinweist in die Arbeit des pflichttreuen, thätigen Lebens, dazu gesegnet sein, daß wir von dieser Stätte neuen Ernst und neue Freudigkeit mit hinwegnehmen, mit gewissenhafter Treue und in deiner Furcht die Arbeit zu treiben die uns befohlen ist, zu wirken zu deiner Ehre, so lange es Tag ist und edlen Samen auszustreuen zu bleibender Frucht, bis du auch uns abrufst und wir im Frieden heimgehen zu deiner Herrlichkeit. Das hilf, gnädiger Gott und Vater, um deiner Barmherzigkeit willen. Amen.

2.

Rede des Pastor P. J. Gersdorf in Frohburg.

Die Gnade unsers Herrn Jesu Christi sei mit uns Allen! Amen.

Wenn irgend einmal für unseren Ort der Name, den er trägt, auch der wahrhafte Ausdruck der Stimmung gewesen ist, von der alle seine Bewohner erfüllt waren, also wo Frohsinn in allen Kreisen unserer Bevölkerung eine Stätte gefunden hatte, so war es gewiß an jenem Tage, dem unvergeßlichen, den wir vor dritthalb Jahren hier gefeiert, an dem fünfzigjährigen Gedenkfest einer von Gott reich gesegneten Ehe, wo von nah und fern her Genossen unserer Freude zusammenkamen, die unser Gotteshaus kaum alle zu fassen vermochte, alle von dem Einen Drange beseelt, einem hohen und verehrten Jubelpaare, welches vor diesen Altar getreten war, ihre dankbar freudige Liebe kundzugeben, und die Opfer des Dankes, der Fürbitte und des Gebets dem Herrn darzubringen, unserem barmherzigen Gott.

Und wieder ist unsere Stadt theilnehmender Bewegung voll. Viele sind auch heute zu uns gekommen, von den gleichen Gefühlen, die durch unsere Seele ziehen, erfüllt. Und alle haben denselben Weg wie damals hierher gemacht unter dem Klange derselben Glocken, die damals unserer Freude beredten Ausdruck gaben. Aber heute sind sie als Trauerklänge an unser Ohr und Herz gedrungen; Trauerlieder sind es, die wir heute angestimmt haben, heute ist es der Schmerz, der den damals so freudig erhobenen Blick zu Boden lenkt.

Denn er selbst, der an der Seite seiner Gemahlin damals rüstig uns vorangeschritten war, dem die hohe Zahl der Jahre ihre Spuren nur insoweit hatte aufdrücken dürfen, daß nur um so ehrfurchtgebietender jeden seine Erscheinung berührte, mit der hochgewölbten Stirn, die den geistesmächtigen, scharfsinnigen Denker verrieth; mit dem leuchtenden Auge, das jedem, der ihm einmal näher getreten, die Tiefe seines Gemüthslebens offenbarte, und ein Spiegel der bewundernswerthen Geistesfrische war, die ihm bis in seine letzten Lebenstage ungetrübt erhalten blieb. Er, dem ja freilich Gott seines Lebens Länge so weit hinausgerückt hatte, daß jeder Tag, der da noch hinzugethan wurde, in höherem Maße, als wir es sonst erkennen, an Gottes wunderbar erhaltende Güte erinnerte, der aber bei dem Maße, der ihm gebliebenen Kraft den trüben Gedanken an seinen Verlust noch gar nicht aufkommen ließ, sondern uns noch auf Jahre erhalten zu werden versprach — Er ist nun doch nicht mit uns hierhergekommen, wo er so gern, wenn er in unseren Mauern Tage der Erholung verbrachte, die Ruhe der Kinder Gottes gesucht und gefunden hat. Und doch ist er es, der uns an diese Stätte gezogen hat, die für ihn ihre Pforten schon aufgethan hatte, ehe wir heute über ihre Schwelle traten. So ist er doch noch unter uns, und wir sind noch einmal um ihn getreten. Und doch ist er es nicht, wie wir ihn in voller Lebensfrische unter uns zu sehen gewohnt gewesen sind. Er steht vor Gott, wir aber in diesem Heiligthume, er schaut bereits die Herrlichkeit, die er mit uns glaubte, da er noch unter uns wandelte. Dort bringen die Auserwählten dem Herrn der Herrlichkeit ihre Lobopfer dar. Und was bringen wir vor unseren Gott? Soll es wirklich nur, oder vor allem wenigstens der Ausdruck der Klage sein um den erlittenen Verlust? Die Trauer hat ihr volles Recht; sie ist eine heilige Pflicht. Aber das Danken auch. Ihm danken, diesem theueren Entschlafenen, für all' den Segen, der von ihm ausgegangen? Ja, aber in seinem Sinne werde geredet, und wie es dem Hause des Herrn, das uns aufgenommen hat, entspricht. Unserm Gott sei gedankt, der den Entschlafenen zu so reichem Segen uns und unserem Lande gesetzt hat, der, wie geschrieben steht, „mit ihm gewesen ist, wo er hingegangen ist, und ihm einen großen Namen gemacht hat, wie der Name der Großen auf Erden," daß, obwohl einen Erben seines Namens zu hinterlassen ihm versagt geblieben ist, sein Name im dankbaren Gedächtnisse fortleben wird bis in die spätesten Geschlechter, da sein Name auf's engste verknüpft bleiben wird mit der gedeihlichen Entwickelung gerade der höchsten und edelsten Interessen unseres Volkes und jener Ordnungen und Einrichtungen, auf denen des Volkes Wohlfahrt sich erbaut, und die ihm zum besten Segen gereichen.

So könnten wir das Wort wiederholen, das schon die Weihe jenem Festtage gegeben hat, dessen wir am Eingange gedachten; wir könnten auch heute sprechen: „ich lasse Dich nicht, Du segnest mich denn," und es wäre dann ein Gelübde, das wir vor Gott bringen, bis ans Ende Glauben zu halten, und Treue zu bewahren, wie sie der Vollendete bis an den Tod bewährte. Oder als eine Bitte könnte uns jenes Wort gelten, womit wir an Gott uns wenden, daß er Trost geben möge denen, die des Trostes bedürfen, der tiefgebeugten Gemahlin des im Herrn Entschlafenen zuvor, dem ganzen Kreise seiner Angehörigen, Kindern und Kindeskindern, uns Allen, Allen mit, denen er vielfältig Gutes gethan hat, und die wir es wissen, wie viele reiche Schätze eines umfassenden Wissens und eines wohlwollenden Herzens durch seinen Hingang uns genommen sind.

Aber selbst wenn wir das: „ich lasse Dich nicht, Du segnest uns denn" als ein Wort des schon siegenden Streiters deuten, dem es gelingt, den uns im Wechsel des Lebens manchmal schwindenden Gottessegen im Entweichen noch festzuhalten mit glaubensstarker Hand; unser Entschlafener würde doch zu uns noch eine andere Sprache reden, denn er hat überwunden, und ist zum Frieden gekommen. Der Gerechten Seelen sind in Gottes Hand, und keine Qual rühret sie an. Darum, wenn er nun doch noch einmal seinen Mund öffnen könnte, nachdem er so unerwartet geschieden ist, daß selbst die Nächsten, die um ihn waren, seine Lieben, dessen kaum gewahr geworden sind, als mit seinem letzten leisen Athemzuge sein Leben entfloh — was würde er der über seinen Hingang klagenden Liebe sagen? Was in eben demselben Verse der heiligen Schrift, wo jenes: „ich lasse Dich nicht, Du segnest mich denn" steht, geredet ist, das Wort: „Laß mich gehen, denn die Morgenröthe bricht an".

Damals an jenem Jubeltage, wo er in jugendlicher Frische vor uns hingetreten war, konnte es doch immer nur der Abendschein sein, den seine Erscheinung wiederstrahlte, und nun, wo wir voll Trauerns um seine entseelte Hülle getreten sind, sind es die Strahlen der Morgenröthe, die wir über ihn angebrochen sehen. Darum, so überaus theuer ihm auch der traute Familienkreis war, dessen allverehrtes Oberhaupt er gewesen ist, und so viel ihm auch seine Berufsgeschäfte galten, denen er in weitem Umfange mit der ihm eigenen nie ermüdeten Arbeitslust bis zuletzt seine reiche Kraft gewidmet hat: „Laß mich gehen, denn die Morgenröthe bricht an", so würde er doch nun jedem entgegnet haben, der ihm hätte wehren wollen in der Stunde seines Abscheidens, dem Rufe seines Gottes zu folgen.

Denn die Treue, die willig und freudig unter Gott sich stellt, und Glauben hält, sie hat einen Grundzug in dem Wesen unseres Entschlafenen gebildet, sie hat ihn nie in den höchsten Stellungen, die er in unserem Lande bekleidete, und unter den höchsten Ehren, mit denen er da geschmückt worden ist, die Demuth verleugnen noch je ihn vergessen lassen, seinem Herrn und Gott die Ehre zu geben. Wohl aber hat in diesem frommen, gottergebenen Sinne die Entschiedenheit und die innere Wärme ihre Wurzeln gehabt, womit der Entschlafene die Ehre seines himmlischen Herrn vertreten und gefördert hat in allen den menschlichen Ordnungen und Einrichtungen, über die er gesetzt war, oder die er selbst erst ins Leben gerufen hatte. Also das „Laß mich gehen" wirklich, als die Rede eines Mannes der That, die Losung seines Lebens; nur eben nicht als die Sprache des Eigenwillens, der trotzend auf die Fülle eigener Kraft im matten Scheine blos menschlicher Klugheit seine Wege wählt, sondern: „Laß mich gehen, denn die Morgenröthe bricht an." Nach oben immer den Blick gerichtet, während die Hand das Ruder hält, welches das Staatsschiff lenkt, das hat dem Vollendeten die Umsicht und Sicherheit verliehen bei allen Maßregeln, die er traf, und die Klarheit in seinen Zielen, die er mit Ausdauer verfolgte; unabhängig von dem Urtheile der Menge, unverwirrt von der Massen Gunst oder Tadel, ist er selbst immer der milde, wohlwollende Mann gewesen, ist aber auch stets seinen Weg gegangen als ein Mann, welcher weiß, was er will, der allem Wechsel der Zeit mit ihren Strömungen und Wandlungen gegenüber fest auf dem Boden des Rechts, der Wahrhaftigkeit, der Gottesfurcht beharrt, und so auch in trüben Tagen unverzagt auf den Sieg der guten Sache hofft, immer das Licht der Gnade Gottes durchscheinen sieht, auch durchs dunkle Gewölk — die Morgenröthe bricht an — so ist der Heimgegangene in hoher verantwortungsvoller Stellung, oft in Tagen, wo sein Rath den Ausschlag gab und seine That die Entscheidung brachte, seinen Weg gegangen, zu dem sich Gott der Herr selbst segnend bekannt hat, daß wir werden sagen müssen: auf den Lebenswegen des nun Vollendeten hat soviel Sonnenschein gelegen, wie es uns selten einmal beim Rückblick auf ein Menschenleben begegnet ist.

Zwar das „Laß mich gehen, denn die Morgenröthe bricht an" ist dort, wo wir dies Wort in der heiligen Schrift finden, ein Wort des Herrn selbst, womit derselbe den, der um seinen Segen mit ihm ringt, auf die Probe stellt. Und solche Stunden, wo auch der starke Geist und ein festes Herz in ein Schwanken geräth) Erfahrungen, unter denen, und wäre es auf Augenblicke nur, der Schaffensdrang und die Arbeitsfreudigkeit aus ihren gewohnten Geleisen zu weichen droht, solche Stunden, Erfahrungen und Schickungen bleiben in keinem Menschenleben völlig aus. Sie sollen zur Probe dienen und werden zum Segen werden, wo man die Probe besteht. Keine trübe Stunde soll in diesem Sinne ohne einen Strahl der Morgenröthe sein. Und es ist etwas Wunderbares darum, wie das Leben unseres Entschlafenen auch davon Zeugniß giebt. Er hat vor langen Jahren den einzigen Sohn wieder in Gottes Hände zurückgeben müssen, aber noch erleben dürfen, daß man ihm ein Urenkelkind in die Arme legte. Er hat zwar vor zwei Jahren einen besonders schweren Verlust in dem Kreise seiner Familie zu beklagen gehabt, aber dieser sein Familienkreis hat ihm doch bis zum letzten Athemzug eine Fülle der reinsten Lebensfreuden bescheert. Es sind zuweilen schwere Tage über unser Vaterland dahingezogen, wo der Verewigte unter der Last der Verantwortung, die er trug, und bei der Ungunst der Zeitumstände, unter der er litt, hätte zagen mögen, und die Freudigkeit verlieren können. Aber das mannhafte Ausharren und Warten auf der hohen Warte, wohin er gestellt war, ist ihm doch jederzeit wieder leicht gemacht worden durch den Beifall der Besten im Lande, dessen er immer hatte versichert sein können, vor allen durch die Treue und Hingebung, die er von den Fürsten unseres Landes — und er hat fünf Königen nach einander seine Dienste geleistet, — im vollsten Maße erfahren hat. Sehen wir dann auf die Erfolge, die sein Wirken begleiteten, so werden wir sagen müssen: es hat ihn in dem Kreise der ihm gestellt gewesenen Aufgaben Keiner übertroffen; in Hinsicht der Länge der Jahre aber, die er hat wirken können, hat ihn Keiner erreicht. Schon in den Jahren, bis zu denen hinauf bei den Wenigsten unter uns überhaupt eine Erinnerung reicht, und in einem Lebensalter, wo die Meisten, auch die Begabtesten, noch immer erst sich zurüsten und lernen auf den Beruf hin, den ihnen das spätere Leben weist, hat der Heimgegangene seine öffentliche Thätigkeit begonnen; ihr Anfang führt uns fast sechs Jahrzehnte in die Vergangenheit zurück. Und bei dieser seltenen Länge seines Berufslebens, in einer in immer steigenderem Maße sich entfaltenden, und immer ehrenvoller sich für ihn gestaltenden Wirksamkeit, ist ihm das ebenso seltene Glück beschieden gewesen, die schönen Früchte seiner reichgesegneten Thätigkeit wirklich noch selbst reifen zu sehen, und noch mit Zeuge gewesen zu sein von dem Gedeihen der Werke, die sich an seinen Namen knüpfen. Wer hätte darum getroster, williger auf den Ruf des Herrn zum Eingang ins ewige Licht seine Arbeit aus den Händen legen können, als er, sprechend: Laß mich gehen, denn die Morgenröthe bricht an. Wir aber, die wir ihm nachschauen, können zwar in diesem Augenblicke gar nicht den Versuch machen wollen, das Lebensbild des Vollendeten nach allen Seiten hin zu zeichnen; wir können jetzt nur noch mit dem Dank, den das ganze Land ihm zollt, den Dank verbinden, den unsere Stadt insbesondere dem Dahingeschiedenen schuldet. Für die Wohlfahrt unserer Stadt hat er stets das wärmste Interesse gehabt, und dasselbe thatkräftig bezeugt, auch seine Liebe zu ihr noch dadurch bekundet, daß er seine letzte Ruhestätte in unserer Mitte finden wollte. Sie wird uns ein heiliges Vermächtniß sein. Wissen wir doch, was wir an dem Entschlafenen gehabt. Es ist eine lange Reihe Derer, die im Laufe der Jahrhunderte Frohburg besessen haben, und es ist mancher Name darunter von edlem Klange. Aber keiner reicht von ferne hinan an Den, dem wir heute die letzten Ehren erweisen. Es wird sein Name unter uns allezeit in Ehren gehalten werden, und auf ihn seine vollste Anwendung finden, was geschrieben steht: Das Gedächtniß des Gerechten bleibet im Segen. Amen.

3.

Rede des Superintendent Dr. J. Fr. W. Michel aus Großzschocher.

Leben wir, so leben wir dem Herrn, sterben wir, so sterben wir dem Herrn, darum wir leben oder sterben, so sind wir des Herrn. Amen.

In Gott Geliebte! Es ist eine schwere und wiederum auch leichte Aufgabe, zu Leidtragenden zu sprechen; schwer, wenn man selbst das tiefste Leid im Herzen trägt und wiederum leicht, weil die Gefühle, welchen man Worte verleiht, von allen Herzen mit empfunden und getheilt werden. Und zu diesen Leidtragenden darf ich nicht allein die edle Familie des hochverdienten Entschlafenen rechnen, die in den letzten Jahren mehr denn einmal die Festgewänder der seltensten Freude hat wechseln müssen mit den Trauerkleidern des tiefsten Herzeleids; zu diesen Leidtragenden zählen sich die Gemeinden, welchen der Verewigte in mehr als einer Beziehung nahe gestanden hat, auch die Gemeinde, welcher ich angehöre; zu diesen Leidtragenden zählen sich König und Vaterland, deren Dienste sein unermüdliches Leben geweiht war; zu diesen Leidtragenden zählen sich ohne Ausnahme Alle, die im privaten oder öffentlichen Verkehre die seltenen Eigenschaften seines Geistes und Herzens kennen und darum hoch schätzen gelernt haben. Er ist gestorben! Diese Trauerkunde durchzuckte wie ein elektrischer Schlag viele tausend Herzen. Er ist gestorben! So klagen wir, so klagt die trauernde Gemahlin, die mit ihm das halbe Herz und Leben verloren, so klagt sein ganzes Haus, das in ihm den theueren Vater und Berather hat hingehen sehen, so klagen die vielen Freunde, aus deren Kreise seine freundliche Erscheinung getreten ist. Er ist gestorben! So redet laut dieser stumme Sarg zu uns, und keine Macht der Erde vermag dagegen Widerspruch zu erheben. Und doch eine, wennauch nicht irdische Macht giebt es, die auch dem widerspricht: das ist die Macht des Glaubens, welcher die Welt überwunden hat und und immer noch überwindet. Denn dieser Glaube spricht auch im Angesicht des Todes triumphirend: Er ist gestorben und lebet noch. Ja, der theure Entschlafene hat gelebt, er lebt noch und er wird leben. Als ich am vorigen Sonntage mit einem bekannten Gelehrten und Schulmanne unseres Landes über das so reich von Gott begnadete Leben des Verstorbenen mich unterhielt, da meinte dieser: Ja, es ist ein langes, langes Leben, aber was ist auch in diesem geschaffen worden! Der selig Entschlafene hat gelebt, das heißt gewirkt und gearbeitet bis zum letzten Tage seines Daseins. Ihm war es eine unerträgliche Last unthätig zu sein. Er hat gewirkt nicht blos als verehrtes Familienhaupt für die lieben Seinen, bei denen er bis zum kleinsten Enkel und Urenkel herab Liebe säete; er hat gearbeitet unter den verschiedensten Wechselfällen des Lebens, unter fünf Landesfürsten in oft stürmischen und gefahrvollen Perioden unserer Geschichte, gearbeitet mit demselben sicheren Blicke, mit derselben erprobten Weisheit, mit derselben unverbrüchlichen Treue für die Wohlfahrt unseres Vaterlandes, seines Daseins Gleise gehen tief und sind mit offenkundigen Thaten und Segenswerken gefüllt. Er hat gelebt! Und wenn sich auch meine Lippen nicht anmaßen wollen, seine unzähligen Verdienste in den verschiedensten Zweigen der Verwaltung, um unsere Landeskirche und Landesuniversität, um unser gesammtes Schul- und Bildungswesen, um Kunst und Wissenschaft hier gebührend würdigen zu können; so halte ich es doch für meine

Pflicht, an dieser heiligen Stätte als ein Diener unserer Kirche Eins hervorzuheben: daß der selig Entschlafene in den Zeiten religiösen Kampfes unseres Landes den blanken Schild unseres Bekenntnisses mit unerschrockenem Muthe empor gehalten hat. Das ist auch eine Arbeit gewesen und unsere Landeskirche wird ihm das nie vergessen, wie der Herr der Kirche es nie vergessen wird, so gewiß er gesagt hat: Wer mich bekennet vor den Menschen, den will auch ich bekennen vor meinem himmlischen Vater. Ja, er hat gearbeitet und gewirkt für das Große, wie für das Kleine, für die einzelne Gemeinde, wie für das Vaterland, und wir können an seinem Sarge wohl sagen: Mit ihm wird ein gutes Stück Sächsischer Geschichte zu Grabe getragen. Aber danken wir Gott unserem Herrn für alles das, was er uns in dem Entschlafenen gegeben, und freuen wir uns darüber, daß sein Name und seine Verdienste in den Jahrbüchern unserer vaterländischen Geschichte mit unverlöschlichen Zügen verzeichnet bleiben: so muß unsere Freude doch noch größer sein durch die gläubige Gewißheit, daß sein Name im Himmel angeschrieben ist und im lebendigen Buche des Lammes steht, das der Welt Sünde, auch seine Sünde getragen und dem Tode die Macht genommen hat. Darum sagen wir getrost, obwohl er gestorben ist: Er lebt und wird leben, nicht nur in seinen Werken und Thaten, nicht nur in der dankbaren Erinnerung aller der lieben Seinen, nicht nur in dem ehrenden Andenken unserer Herzen, nicht nur im Gedächtnisse der Zeit und Welt, sondern vor allem in der Ewigkeit und in Gott, im Genusse der Seligkeit, von welcher geschrieben steht: „Was kein Auge gesehen hat, und kein Ohr gehört hat, und in keines Menschen Herz gekommen ist, das hat Gott bereitet denen, die ihn lieben." Und zu diesen hat der theure Entschlafene gehört. Daher richten wir aus diesem Thränenthale heute unseren Glaubensblick, wohin er gegangen und wo er nun ewiglich lebt, und im Geiste rufen wir ihm nach: Selig

sind die Todten, die in dem Herrn sterben von nun an, ja der Geist spricht, daß sie ruhen von ihrer Arbeit und ihre Werke folgen ihnen nach. O, so ruhe denn aus, ruhe selig aus von Deinem langen und gesegneten Tagewerke, Du treuer Diener Deines irdischen und Deines himmlischen Königs! Labe Dich nun an dem Brunnen des wahren Lebens, der nie versiegt! Wir werden Deiner noch oft gedenken; wir werden noch oft von Dir reden, bis unser eigenes Herz in Staub zerfällt; wir werden an Deinem leuchtenden Vorbilde uns manchmal aufrichten und stärken, aber wenn wir die große Lücke, die durch Deinen Hingang unter uns entstanden ist, recht schmerzlich empfinden, dann wollen wir uns trösten mit der seligen Gewißheit des Glaubens: „Du bist gestorben und lebst noch!"
Amen.

4.

Rede des Rektors der Landes-Universität Geh. Hofrath Prof. Dr. Fr. Zarncke aus Leipzig.

Hochverehrte Trauerversammlung! Schon gestern bei der feierlichen Einsegnung der theuren Leiche, die hier vor uns im Sarge ruht, ist es ausgesprochen worden, daß der Verewigte die Universität Leipzig sein Herzblatt genannt, daß er sie wie ein Lieblingskind gehegt und gepflegt habe. Sie sehen mich heute hier stehen, um diese Worte zu bestätigen und dem Heimgegangenen tiefbewegt einen letzten Dank nachzurufen.

In der That, so mannigfache Kreise des menschlichen Berufslebens auch einen Anspruch auf den Entschlafenen erheben mögen, die Universität Leipzig glaubt doch ihn in ganz besonderem Sinne den Ihren nennen zu dürfen.

Schon in seiner Jugendzeit gehörte er unserer Universität an; an ihr hat er seine akademische Bildung empfangen, an ihr zu den Füßen Gottfried Hermann's jene ideale Liebe zu dem klassischen Alterthume und zu seinen Sprachen eingesogen, die sein Wesen adelte; an ihr die Grundlage zu jener feinen attischen Bildung erworben, die ihn mir oft hat erscheinen lassen als einen jener Italienischen Humanisten des 15. Jahrhunderts, welche in der Schule Plato's gereist waren und deren Namen wir noch heute mit Verehrung nennen. Er hat dann auch eine Zeit lang selbst unserer akademischen Körperschaft als Lehrer angehört, freilich nur für kurze Dauer, denn bald beriefen ihn seine Talente zu höherer Laufbahn im Dienste seines Vater=

landes. Als er aber nach kurzer Trennung wieder zu uns zurückkehrte in der damals so bedeutungsvollen Stellung eines Regierungs-Bevollmächtigten, da hatte er gleich volle Gelegenheit, seine Liebe zu unserer Universität thatkräftig zu beweisen. Man muß jene Zeit kennen — es war die Mitte der dreißiger Jahre, ein neues politisches Leben war erwacht und es galt, die in alten Verhältnissen etwas eingerostete Universität überzuführen in die neuen Anschauungen und Verhältnisse — man muß die Akten kennen, die uns ein Bild seiner damaligen Wirksamkeit entrollen, um die Energie und Tüchtigkeit, die Klugheit und den Takt, vor allem auch die volle Liebenswürdigkeit, das Begütigende und Versöhnende seines Wesens ganz zu verstehen. Was er damals im Interesse unserer Universität durchgeführt hat, wird unvergessen bleiben. Die Ordnung der Verhältnisse der Universität zur städtischen Gemeinde war hauptsächlich sein Werk, und es gelang ihm, nach Jahrhunderte langem Hader freundschaftliche Beziehungen herzustellen, so freundschaftliche, daß sie später selbst ernstere Krisen zu überstehen vermocht haben. Aber auch schon weiter griff damals sein Interesse für unsere Lehranstalt, und es zeigte sich dabei bereits jener freie, über Engherzigkeit erhabene Sinn, der ihn auch später stets so rühmlich geleitet hat. Die Geschichte darf und wird es ihm nicht vergessen, wie warm und theilnehmend er sich der vertriebenen Göttinger angenommen hat, und daß eine der größten Zierden unserer Universität ihr schon damals durch ihn gewonnen worden ist.

Es folgte dann abermals eine Zeit der Trennung. Da aber, am 1. Februar 1853, ist er nochmals zu uns zurückgekehrt, freilich nicht dem Orte nach, recht eigentlich aber seinem Geiste und seiner Thätigkeit nach, und von diesem Tage an datirt unsere Hochschule eine neue Aera. Mit dem ihn so ganz beseelenden Sinne für das Große und Ideale stellte er unserer Universität ihre hohen Aufgaben; mit der ihm eigenen frischen, mun möchte sagen flotten Initiative machte er sich an die Ausführung, und mit dem ihn auszeichnenden Scharfblick und Takte in Beurtheilung der Personen und ihrer Leistungsfähigkeit wußte er stets, direkt oder indirekt, den richtigen Mann an die richtige Stelle zu bringen. Es ist bei der kurzen Spanne Zeit, die meinen Worten bemessen ist, nicht möglich auf das Einzelne einzugehen. Als der Verewigte die Verwaltung der Universität übernahm, stand dieselbe weit zurück im Kreise ihrer Schwesteranstalten: als er die Verwaltung niederlegte, war sie unbestritten die Rivalin, die einzige Rivalin, der ersten Universität des Deutschen Reiches. Und als er fürchtete, daß seine alternden Kräfte der hohen Aufgabe, wie er sie sich gesteckt hatte, nicht mehr in vollem Umfange gewachsen sein möchten, da war es nicht sein geringstes Verdienst um unsere Universität, daß er selbst noch den Mann zu bezeichnen gewußt hat, der seine Gedanken und Pläne nicht nur fortzusetzen, sondern noch um neue und weiter greifende zu vermehren verstand, und mehrfach hat er sich des Muthes und der Energie gefreut, mit der das von ihm Begonnene zu schönem Ziele hinausgeführt wurde.

Für dies Alles dankt ihm unsere Universität, aber fast mehr noch als für das, was er für sie gethan, danken wir ihm für die Art und Weise, wie er es gethan hat. Es waren zwei Eigenschaften seines Wesens, die ihn uns unvergeßlich gemacht haben. Es war einmal jene ernste Achtung, jener tief in seiner Natur begründete Respekt vor der Wissenschaft, den er stets bekundete. Jede Idee, die ihm im Namen der Wissenschaft entgegengebracht wurde, fand bei ihm eine gute Stätte, eine feine Ueberlegung, ein fast dankbares Entgegenkommen. Es war sodann jene warme Betheiligung seines Herzens an Allem, was er geschaffen hat, an Allem, was er sprach, an Allem, was er dachte, was er that. Nicht bloß kluge Ueberlegungen waren seine Pläne, es waren recht eigentlich innige Herzenswünsche, was er zu vollenden strebte. Und man ward miterwärmt, wenn man die Wärme fühlte, mit der er seine Ideen verfolgte. Und wie der Sache, so wandte sich diese Wärme des Herzens auch den Personen zu. Viele, Viele sind durch ihn geworden, was sie geworden sind; Viele, Viele haben durch ihn empfinden gelernt, was der erwärmende Sonnenstrahl des Wohlwollens für ein Menschenleben zu bedeuten hat. In der Verbindung dieser beiden Eigenschaften lag für uns der Zauber seines Wesens, durch sie hat er unser Aller Herzen gewonnen, und voll Verehrung schauen wir empor zu dem Abbilde seiner Züge, das unsere akademische Aula schmückt.

Jetzt ist er von uns geschieden. Jenes schöne Auge voll Geist und Leben, voll Güte und Wohlwollen, es soll nicht wieder über uns aufgehen, aber in uns Allen, die wir ihn gekannt, lebt sein Bild fort, in unseren Herzen und vor unseren Augen, erwärmend und erquickend.

Und des zum Zeugniß, theurer Entschlafener, lege ich hier im Namen und im Auftrage der Universität Leipzig, die Du so sehr geliebt, diesen Lorbeerkranz auf Deinen Sarg. Es ist die letzte Gabe des Dankes, die wir Dir bieten können, aber sie sei ein Symbol des heiligen Gelöbnisses, daß Dein Name und Dein Ruhm unter uns lebendig bleiben sollen immerdar, und daß wir das, was Du für uns gethan hast und was Du an uns gethan hast, an dem Ganzen, wie an den Einzelnen,
daß wir das nie und nimmer vergessen wollen,
nie und nimmer!

5.

Rede des Oberbürgermeister Dr. O. R. Georgi aus Leipzig.

Hochansehnliche Trauerversammlung. Vom Rathe der Stadt Leipzig mit meinen hier anwesenden Kollegen beauftragt, dem Ehrenbürger unserer Stadt zu seiner letzten Ruhestätte das Geleite zu geben, bitte ich um die Erlaubniß, der Theilnahme, von der wir bei Erfüllung dieser traurigen Pflicht beseelt sind, mit kurzen Worten Ausdruck zu geben. Der von uns Geschiedene hat viele Jahre hindurch in unserer Stadt zugebracht und er hat uns oft selbst bezeugt, daß er die Jahre, die er in unserer Stadt verweilt hat, glückliche Jahre nennen durfte. Er hat bei uns zuerst die reichen Gaben seines Geistes entfaltet und bei uns das Glück gefunden, auf welches sich sein ganzes Leben aufgebaut hat. Aber die Jahre waren nicht nur für ihn glückliche, sie sind auch für uns bedeutsam geworden. Es ist vorhin schon erwähnt worden, wie gerade Mitte der dreißiger Jahre die Zeit eine so wichtige war auf mannigfachen Gebieten. Sie war es auch für unsere Stadt. Es galt neue Organisationen zu schaffen in Land und Stadt. Gleichzeitig regte es sich bei uns zu epochemachenden Neuerungen auf dem Gebiete des Verkehrs, und da war es ein hohes, nicht genug zu preisendes Glück, daß gerade auf der so wichtigen Stelle ein Mann stand, der für unsere Stadt ein Herz und für ihre Aufgaben ein klares Verständniß hatte. Mit diesen Eigenschaften hat er mächtig eingegriffen in die Bildung unseres

Gemeindewesens, fördernd, helfend und mit stetem Wohlwollen. Als er daher von uns schied, fühlte sich die Vertretung der Stadt gedrungen, ihm die höchste Ehre zu widmen, die eine Stadt verleihen kann; sie verlieh ihm das Ehrenbürgerrecht, und in welchem Sinne dieses Recht verliehen wurde, in welchem Sinne es angenommen wurde, das meine ich nicht besser aussprechen zu können als mit den Worten, welche der Verstorbene damals selbst dem Rathe zu Leipzig schrieb. Er schrieb: „Verdient das ernste Streben für das wahre Wohl der Stadt, verdient die treue Liebe zu den Bürgern der Stadt Anerkennung, so darf ich mich ohne Scheu des Ehrenbürgerrechts freuen, das mir doppelt ernst die Pflicht ans Herz legt, den echten Bürgersinn zu fördern, der unser Leipzig auszeichnet". — Mit solchen Gesinnungen ist er von uns geschieden in seine hohe Stellung. Er ist seinen Worten treu geblieben und Gott hat Erfüllung gegeben. Was er unserer Stadt in schweren Jahren gewesen ist, haben wir soeben durch die warmen und beredten Worte des Rektors der Universität vernommen; was er unserem Konservatorium gewesen ist, dafür ist ihm hier gedankt worden in harmonischer Weise. Und auf vielen sonstigen Gebieten ist er für uns thätig gewesen. Das Werthvollste aber ist für uns die Empfindung, daß er mit seinem Herzen unserer Stadt immer treu geblieben ist und sich uns nahe verwandt gefühlt hat bis zu seines Lebens Ende. Und so will ich zu dem Danke, der auf seinem Sarge niedergelegt wird, auch den Dank einer großen Gemeinde fügen und die Zuversicht aussprechen, daß sein Andenken in unserer Stadt bis zum spätesten Geschlechte ein geehrtes und gottgesegnetes sein möge.